TORNANDO-SE DEUS

ELIZABETH CLARE PROPHET

Autora de *Anjos caídos entre nós*

TORNANDO-SE DEUS

A senda do místico cristão

Tradução
Johann Heyss

1ª edição

Rio de Janeiro | 2015

CIP-BRASIL. CATALOGAÇÃO NA PUBLICAÇÃO
SINDICATO NACIONAL DOS EDITORES DE LIVROS, RJ

P958t   Prophet, Elizabeth Clare, 1939-2009
           Tornando-se Deus / Elizabeth Clare Prophet; tradução: Johann
           Heyss. – 1. ed. – Rio de Janeiro: Best*Seller*, 2015.
           il.

           Tradução de: Becoming God
           Apêndice
           ISBN 978-85-7684-725-0

           1. Vida espiritual. 2. Espiritualidade. 3. Deus. 4. Fé. I. Título.

14-13509   CDD: 248
                                                                 CDU: 2-584

Texto revisado segundo o novo Acordo Ortográfico da Língua Portuguesa.

Portuguese Edition Copyright © 2015 by EDITORA BEST SELLER LTDA. *Becoming God: The Path of the Christian Mystic* from the Mystical Paths of the World's Religions series, by Elizabeth Clare Prophet. Copyright © 2010 SUMMIT PUBLICATIONS, INC. All rights reserved.

Título original
BECOMING GOD
Copyright © 2010 Summit Publications, Inc.
Copyright da tradução © 2015 by Editora Best Seller Ltda.

Esse livro foi originalmente publicado em inglês e impresso nos EUA.
Esta obra foi editada em língua portuguesa de acordo com os termos contratuais firmados entre a Editora Best Seller Ltda e Summit University Press.

Proibida a reprodução no todo ou em parte, sejam quais forem os meios empregados, sem autorização prévia por escrito da Summit University Press, exceto para resenhas literárias, que podem reproduzir algumas passagens do livro, desde que citada à fonte.

Para informações, entrar em contato com:
Summit University Press
63 Summit Way, Gardiner, Montana 59030 USA
Tel.: 406-848-9500 – fax: 406-848-9555
e-mail: info@summituniversitypress.com – websites: http://www.summituniversitypress.com,
www.summituniversity.org, www.summitlighthouse.org

Summit University Press, Summit University e Summit Lighthouse (The Summit Lighthouse) são marcas registradas no Departamento de Marcas e Patentes dos Estados Unidos e em outros países.
Todos os direitos reservados.

Summit Lighthouse do Brasil
Praça Manoel Moreira, 148
Centro – Carrancas – MG
CEP: 37.245-000
www.summit.org.br
Tel.: (35) 3327-1226

Capa: Gabinete de Artes
Editoração eletrônica: Abreu's System

Todos os direitos reservados. Proibida a reprodução,
no todo ou em parte, sem autorização prévia por escrito da editora,
sejam quais forem os meios empregados.

Direitos exclusivos de publicação em língua portuguesa para o Brasil
adquiridos pela
EDITORA BEST SELLER LTDA.
Rua Argentina, 171, parte, São Cristóvão
Rio de Janeiro, RJ – 20921-380
que se reserva a propriedade literária desta tradução

Impresso no Brasil

ISBN 978-85-7684-725-0

Atendimento e venda direta ao leitor:
mdireto@record.com.br ou (21) 2585-2002

SUMÁRIO

Transformação em Cristo por meio da oração
pela beata Angela de Foligno (1248-1309)   12

PREFÁCIO: **Às almas ansiosas pela união com Deus**
A meta da senda mística   16
A senda mística hoje   18
Misticismo como solução para a agonia da alma   19

PARTE UM ♦ A PRESENÇA INTERIOR

CAPÍTULO 1: **Uma experiência que transforma a alma**
As origens do misticismo   24
Cada era traz novas revelações de Deus   25
Deus como Pai, Legislador e Lei Universal   26
Deus como Filho, Cristo e Intercessor   27
Deus como Espírito Santo e Mãe Divina   28
Poder através dos nomes de Deus   28
Intercessão dos santos   30
Ajuda celestial para os místicos de hoje   31
Saint Germain: Um mestre da era de Aquário   32
Orações e meditações   35

CAPÍTULO 2: **Deus habita dentro de você**
    A centelha divina dentro de cada alma   40
    O Cristo toma forma dentro de você   41
    A chama trina da Trindade   44
    Sua Identidade Divina   45
    Orações e meditações   50

CAPÍTULO 3: **O renascimento da senda mística**
    Uma aliança eterna   54
    Orações e meditações   59

CAPÍTULO 4: **Contemplação mística e oração**
    Uma troca íntima entre amigos   62
    Deus quer tudo de vocês   65
    Trocas secretas entre Deus e a alma   67
    União com Deus por meio da Palavra   68
    Comunhão incessante   71
    Orações e meditações   73

PARTE DOIS ♦ A SENDA TRINA:
                     PURGAÇÃO / ILUMINAÇÃO / UNIÃO

PURGAÇÃO

CAPÍTULO 5: **Forjando a cristicidade**
    No âmago do misticismo está o amor   80
    Como conquistar o eu inferior   83
    Testes, tribulações e tentações   84
    Orações e meditações   86

CAPÍTULO 6: **A noite escura dos sentidos**
    Como aumentar a ligação com Deus   93
    A imitação de Cristo   94
    Como encontrar a resolução interna   97

Corrigir um erro conduz à união   99
O significado de se entregar a Deus   100
Como transmutar o carma por meio de serviço e oração   102
Orações e meditações   105

CAPÍTULO 7: **Uma senda acelerada para a liberdade da alma**
Um instrumento poderoso que libera energia e restaura a harmonia   112
Como invocar a chama violeta   113
Nosso Deus é um fogo que consome   114
EU SOU a chama violeta   115
A dádiva da liberdade na era de Aquário   115
Como transmutar o carma alquimicamente   117
A lei do perdão   118
O significado interno da comunhão   119
A Radiante Espiral de Chama Violeta   120
Oração para a paz mundial   121
Como selar as energias da oração   122
Como incluir orações e decretos na sua vida   123

CAPÍTULO 8: **Como jejuar na senda espiritual**
Como purgar toxinas e ter saúde   126
Como iluminar a consciência e curar a forma   126
A alquimia de abençoar a comida   128
Jejum dos sentidos   128
Orações e meditações   131

ILUMINAÇÃO

CAPÍTULO 9: **Visões e revelações**
Iluminação com compreensão absoluta   138
Reconhecer Sua presença   139
Visualizar o Cristo interno   140
Fenômenos e a senda mística   142
Orações e meditações   144

CAPÍTULO 10: **Experiências dos místicos**
   Universidades do Espírito   149
   Instruções, repreensões e promessas   149
   Livre-arbítrio, erros e ação iluminada   150
   Adversidade e o alvorecer da iluminação   152
   Orações e meditações   156

CAPÍTULO 11: **Iluminação por meio de Revelação**
   Transfiguração pela Luz divina   161
   Esculpir a imagem da cristicidade   162
   Jesus como intercessor   164
   Jesus como Mãe   165
   Orações e meditações   167

UNIÃO

CAPÍTULO 12: **Noivado Espiritual**
   Iniciações de amor dos místicos   172
   A chama viva do amor   173
   Autoesvaziamento   175
   A noite escura do espírito   176
   O teste supremo   177
   Como conhecer Deus diretamente como o Eu   178
   Orações e meditações   180

CAPÍTULO 13: **O casamento espiritual da alma com Cristo**
   Em união indissolúvel com Deus   186
   Presentes do noivo celestial   188
   Unir-se ao coração de Cristo   190
   Amor ativo, amor abnegado   191
   São necessários muitos Cristos   193
   Uma senda para hoje   195
   Orações e meditações   196

PARTE TRÊS ♦ FÓRMULAS DE TRANSFORMAÇÃO MÍSTICA

CAPÍTULO 14: **Como tornar-se o coração, a cabeça e a mão de Deus**
   Purificação pela chama violeta   201
   O poder protetor da luz   203
   Perdoar antes de tudo   205
   A vida abundante   206
   A matriz da perfeição   207
   Uma nova criatura em Cristo   209
   Restaurar a integridade   210
   Ascende-se todos os dias   211
   A chave para sua união mística com Deus   212
   Orações e meditações   213

Meditações seráficas

MEDITAÇÕES SERÁFICAS

   Notas   223

   Bibliografia selecionada   235

   Créditos das fotos   239

ILUSTRAÇÕES

Orígenes de Alexandria   25
Moisés e a sarça ardente   27
Saint Germain, por Charles Sindelar   32
Detalhe da estátua de Roger Bacon, museu da Universidade de Oxford   33
O arrebatamento de São Paulo, por Nicolas Poussin   42
A chama trina   45
A Imagem do Seu Eu Divino — Uma visualização para a união mística   47
Os lábios de Isaías tocados pelo fogo, por Benjamin West   55
Santa Teresa de Lisieux   63
Monastério de Santa Catarina, Monte Sinai   64
Notre Dame de Paris   70
São João da Cruz   92
O Santo Cristo Pessoal, detalhe, Imagem do Seu Eu Divino   95
São Francisco de Assis, detalhe de um afresco de Cimabue   139
Santa Teresa d'Ávila   141
A cozinha dos anjos, por Bartolomé Murillo   143
Cristóvão Colombo   154
São Simeão   161
Santa Rosa de Lima, por Claudio Coello   163
O êxtase de Santa Teresa, por Bernini   173
Francisco de Assis recebendo os estigmas, afresco de Giotto   175
O casamento de Santa Catarina, por Pierre Subleyras   188

Transformação em Cristo por meio da oração
pela beata Angela de Foligno (1248-1309)

É na oração que se encontra Deus. Há três escolas de pensamento, quer dizer, três tipos de oração, sem as quais a pessoa não encontra Deus. São as orações corpóreas, mentais e sobrenaturais.

A oração corpórea se dá com o som das palavras e movimentos do corpo, como a genuflexão — o ato de dobrar os joelhos. Eu jamais abandono este tipo de oração, pois, às vezes, quando quero me dedicar à oração mental, sou impedida pela preguiça ou sonolência. Então volto-me para a oração corpórea, que leva à oração mental. Ela deve ser feita com atenção. Por exemplo, ao orarmos o Pai-Nosso, devemos avaliar cuidadosamente o que dizemos. Não se deve rezar correndo, tentando completar certo número de orações como senhorinhas que são pagas por peça produzida.

A oração é mental quando a meditação em Deus ocupa a alma de tal maneira que a pessoa não pensa em mais nada além de Deus. Se outro pensamento vier à mente, não considero mais que a oração seja mental. Este tipo de oração deixa a pessoa sem palavras. A mente fica tão preenchida por Deus que não consegue mais pensar nem falar sobre nada que não seja Ele. Da oração mental, então, seguimos para a oração sobrenatural.

Chamo de oração sobrenatural quando Deus, concedendo seu dom à alma e preenchendo-a com sua presença, a eleva de tal forma que ela se expande, por assim dizer, além de suas capacidades naturais. Neste tipo de oração, a alma entende mais de Deus do que seria naturalmente possível. Ela sabe que não consegue entender, e não consegue explicar o que sabe, porque tudo que vê e sente transcende sua própria natureza.

Nessas três escolas de pensamento, a pessoa descobre quem ela é e quem é Deus. A partir do momento que sabe, a pessoa ama. Amando, a pessoa deseja possuir o que ama. E este é o sinal do verdadeiro amor: que aquele que ama é transformado, não parcialmente, mas por inteiro, no Amado.[1]

PREFÁCIO

Às almas ansiosas pela união com Deus

*C*onvido-os a explorar comigo o mundo dos místicos cristãos. Místicos são aqueles que procuram a experiência direta da Presença Divina. Eles desejam fortemente conhecer Deus, ver Deus e estar com Deus *agora*. Misticismo não é exclusividade do cristianismo. Trata-se do elemento vital no âmago de toda religião. Sempre houve místicos, e eles sempre sondaram as profundezas e galgaram as alturas potenciais da alma. Os místicos são *psicólogos** — estudantes do intento da alma em sua busca espiritual. Suas vidas e ensinamentos são o mapa que leva ao ápice do ser.

A aspiração de todo místico é a mesma: união com Deus. O místico não protela a busca de seu objetivo, pois ele não consegue fazer isso. Santa Teresa d'Ávila expressou a profunda ânsia de sua alma por Deus ao escrever: "Esqueço-me de tudo em minha intensa ânsia por ver Deus; tanto que o deserto e a solidão aprazem mais a alma do que toda companhia do mundo."[1]

O místico e teólogo do século XIV Meister Eckhart escreveu: "O ser de Deus é minha vida, mas sendo assim, o que é de

---

* O termo *psicologia* (*psyche* significa "respiração, espírito, alma", mais *logia*, "estudo de") era originalmente usado para designar o "estudo da alma".

Deus tem de ser meu, e o que é meu, de Deus. A qualidade de ser (*istigkeit*) de Deus é a minha qualidade de ser; nem mais, nem menos."[2]

Quando eu era criança, me ensinaram a acreditar que eu era feita à imagem e semelhança de Deus. Onde quer que eu ouvisse isto, pensava: "Bem, se sou feita à imagem e semelhança de Deus, devo ser Deus", pois não há diferença entre o indivíduo e o reflexo. Mas falei com centenas de pessoas que não conseguiam ver nada disso. Elas consideravam blasfêmia fazer esta transição e dar o próximo passo. E então me dei conta de que, para manter a independência de meus pensamentos, tinha de me afastar da maioria das igrejas.

A meta da senda mística

Depois que tive a oportunidade de ler e pesquisar as vidas de muitos místicos, pude entender por que Deus nos instou a seguir os passos dos santos. A meta de se tornar um com Deus — ou, como dizem alguns místicos, de tornar-se Deus — faz parte da tradição mística cristã desde a época de Jesus Cristo. Os cristãos primitivos chamavam esta doutrina de *deificação*. Mas onde se encontra este ensinamento hoje? Nós não ouvimos nada disso sendo pregado em púlpito algum.

Apesar de vários livros terem sido escritos por e sobre os muitos santos que caminharam na Terra, não há ninguém nas igrejas ensinando a história completa das vidas deles, e ninguém fala do que é preciso para se seguir uma senda de santidade até alcançar a união com Deus. Nas igrejas não se ensina que é possível ser um santo, e que podemos seguir esta senda e continuar fazendo parte da família, da sociedade e do mundo.

No começo do século XX, John Arintero, um teólogo espanhol que procurava restabelecer os ensinamentos dos místicos, lamentou: "Infelizmente, estas doutrinas sublimes e confortantes [dos místicos] estão inteiramente esquecidas [...] A deificação, tão conhecida dos Patriarcas [da Igreja], mas lamentavelmente esquecida nos dias de hoje, é o propósito básico da vida cristã."[3] Imaginem se as igrejas estivessem hoje ensinando que somos destinados a nos tornarmos Deus e que esta é a meta da vida!

Arintero também observou que os cristãos primitivos entenderam que sua meta era se tornarem unidos a Cristo de tal maneira que eles também receberiam poderes divinos. Ele disse:

> Os atos dos mártires e os costumes dos primeiros séculos nos oferecem evidências interessantes deste fato. Os cristãos daquela época apreciavam, entendiam e viviam a vida sobrenatural de tal maneira que gostavam de ser chamados de Portadores de Deus, ou Portadores de Cristo. Portanto, quando [o imperador romano] Trajano perguntou a Santo Inácio [de Antioquia]: "Quem é o Portador de Deus?", o outro respondeu: "É aquele que leva Cristo no coração".[4]

Este conceito de querer ser bom ou querer se tornar um santo é um desejo não apenas legítimo como necessário. Não podemos nos tornar aquilo que não queremos nos tornar. Nosso desejo é a mola propulsora de energia que alinha todos os átomos de nosso ser e de nosso subconsciente. Por meio do que desejamos, criamos a nós mesmos. Como moedas no lago ou no poço dos desejos, lançamos nossas vontades no subconsciente. E, então, a vida vai nos levando a experiências pelas quais concretizamos estes desejos, um por um. Portanto, quando desejamos ser um só com Deus, nossas vidas mudam radicalmente, pois temos dentro de nós a força propulsora de nossos desejos trazendo situações que nos levarão à realização destes desejos.

Em relação ao desejo de santidade e de união com Deus, consideremos estas palavras de Jesus: "Sede vós, pois, perfeitos, como perfeito é o vosso Pai que está nos céus."[5] Com esta declaração, Jesus estabeleceu a inalterável verdade de que é possível alcançar a perfeição. Vou explicar melhor. Nós entendemos que Deus é ao mesmo tempo perfeito e transcendente, pois ele está se transcendendo continuamente por meio de sua criação. Então, não há nada definitivo no cosmos, e ainda assim Deus é e continua sendo perfeito.

Ao contrário do que talvez pensemos, a perfeição também é possível neste mundo, mas não é a perfeição humana que buscamos. E nossa aspiração à perfeição interna é fundamental para nossa senda espiritual.

Pois se aceitarmos a imperfeição, ou se nos acharmos perfeitos do jeito que somos, eliminaremos a senda da aspiração espiritual. Portanto, a mestria da perfeição em Deus é possível porque a perfeição é o estado natural do homem, rumo ao qual gravita a alma.

Assim, o desejo de ser perfeito, de ser bom, de ser um santo, um asceta ou um adepto é um desejo legítimo. Precisamos não nos sentir culpados por este desejo, apesar de que, às vezes, é possível que sejamos alvo da condenação e do escárnio do mundo. Mas para que possamos defender este desejo, precisamos nos separar da consciência de massa.

A senda mística hoje

Posto que a Igreja não mais ensina a senda de união com Deus, Ele ofereceu outro caminho espiritual para que todas as verdades que os místicos descobriram em diferentes tradições místicas — todas raios de sol retornando à Origem — possam nos despertar e nos fazer compreender que também podemos voltar à Origem. Este é o caminho que almejamos e ensinamos na Summit University,[6] nossa moderna escola de mistérios para aqueles que desejam transcender a si mesmos e alcançar a meta da união com Deus.

Nós que aspiramos ao caminho místico podemos nos considerar portadores de luz. O termo grego *Christos* significa "ungido" — ungido com a luz. Somos portadores de luz, pois temos a presença da luz, o Cristo, em nossos corpos e mentes. Sintamos ou não, esta luz nos inunda a alma, incendiando nossos corações como se fossem ondas quebrando na praia de nosso ser. Por termos esta luz interna, nós *somos* a luz, assim como esta luz somos nós, e somos por ela transformados e até exaltados.

Um *portador de luz*, por conseguinte, é um "portador de Cristo". E quando sentimos a luz, o que estamos sentindo é nosso Eu Superior, nosso Cristo Pessoal, ocupando nossas almas e nossos templos do corpo até a chegada de nosso querido Jesus. Ao nutrirmos a chama de Cristo em nossos corações, conhecemos uma unidade gentil que gradualmente se transforma em uma união mais poderosa.

O ensinamento que lhes trago é que Deus colocou um pouquinho de Si mesmo em nós, uma chama trina que ancora seu amor, sua sabedoria e seu poder. Por meio desta dádiva da chama de Deus, nossa alma tem o potencial de realizar a consciência divina, consumar sua razão de ser na Terra e se tornar uma só com Deus.

Eu lhes transmito este ensinamento porque tenho visto que, à medida que os indivíduos vivenciam a presença desta chama — lidando simultaneamente com seu carma —, acham difícil suportar a justaposição de estar agora em Deus e, de repente, se sentirem separados Dele ao voltarem a lidar com as condições humanas.

A não ser que estes indivíduos tenham sábios conselheiros espirituais, frequentemente não entendem que este processo de purificação da alma é parte de uma senda que todos devemos seguir antes de nos unirmos a Deus em definitivo. Teresa d'Ávila, ao ler a descrição do salmista da angústia de sua alma quando não estava em comunhão com seu Senhor, refletiu: "Consola-me saber que outras pessoas [...] passaram por solidão tão intensa."

Teresa d'Ávila, João da Cruz e outros grandes luminares documentaram suas experiências e seu entendimento da senda mística. Os escritos deles serviram de consolo para muitos. É por esta razão que também oferecemos livros, palestras e cursos — para dar esperança e uma senda para as almas que estão passando pelo labirinto de seu carma a caminho da união com Deus. Enquanto exploramos a senda mística neste livro, acho que vocês hão de reconhecer que já passaram por alguma parte dela, mas talvez não a tenham entendido como tal.

Misticismo como solução para a agonia da alma

Muita gente que está viva hoje não encontra nada neste mundo que realmente lhes traga alegria duradoura. Acredito que, quando a pessoa alcança este estado, é porque sua alma anseia por Deus, mas a pessoa não tem as ferramentas espirituais, nem os ensinamentos necessários. Assim, não entendem que tudo na vida é sempre planejado por Deus para nos impulsionar a entrar e a descobrir o reino interno e o Cristo interno.

Quando olhamos para nossas vidas e o que nos cerca, podemos às vezes considerar que tivemos problemas, sofrimentos e encontros que não se coadunam com o que consideramos parte de uma vida boa, o tipo de felicidade que os seres humanos geralmente buscam. Nestes momentos nos falta a percepção de que as situações que vivemos são dádivas de um Deus que nos ama, que nos disciplina, que permite a descida de nosso carma por entender que somos capazes de enfrentá-lo. E tudo isso não para nos punir ou para nos tornar cínicos endurecidos, e sim para nos amaciar o coração, para abrandar o coração em seu amor por Deus.

Thomas Merton, um escritor do século XX, refletiu: "A angústia espiritual do homem não tem cura senão através do misticismo."[8] A senda mística é a solução para a agonia da alma. É uma senda conhecida, que pode ser estudada, aprendida e seguida hoje. Saber o que os outros místicos passaram traz consolo e compreensão às almas que estão experimentando tanto a agonia, que inclui enfrentar os fardos de seu carma, quanto a tremenda luz de Deus que sentem em momentos de comunhão com o Divino.

É no Sagrado Coração de Jesus que repousa a senda mística do cristianismo. É de fato uma senda de profundo amor. É isto que ecoará para nós enquanto ouvirmos com o coração aos ensinamentos dos místicos que definiram e esclareceram esta senda para que nós também possamos segui-la até chegarmos ao Lar. Rogo a Deus que vocês recebam este livro como uma meditação para sentir a Presença de Deus e o fogo de Cristo em seus corações.

PARTE UM

A Presença Interior

CAPÍTULO 1

Uma experiência que transforma a alma

O misticismo não é uma mera crença ou filosofia; é uma experiência que transforma a alma. Se você não se transformou, não passou pela experiência. Quando nossa alma se transforma por completo, você e Deus já não são mais dois, e sim um. No ato da união com Deus, disse o místico do século XIV Johannes Tauler, não há "nada na alma além de Deus".[1] São Francisco de Assis se dedicou tanto à imitação de Cristo que era chamado de "outro Cristo".

A mística do século XV Santa Catarina de Genova passou pela experiência de unidade como submersão no oceano do amor de Deus: "Meu ser é Deus, não por simples participação, mas por uma verdadeira transformação de meu ser [...] Estou tão colocada e submersa em Seu imenso amor que parece que mergulhei no mar e não tenho mais onde tocar, o que ver ou sentir senão água [...] Meu Eu é Deus, e nem reconheço nenhum outro Eu senão meu Próprio Deus."[2]

Como veremos, a senda mística é uma jornada espiritual rumo ao interior do coração do amor de Deus. No entanto, o místico sabe que para estar completamente unido ao coração de Deus, ele precisa transcender o eu inferior. Assim, a senda do místico é uma senda de desafio, bem como uma senda de alegria. É o desafio de trabalhar o carma que dá a sensação de se estar separado de Deus, e depois a alegria de seguir além desta dor para a glória de encontrar o Senhor face a face.

As origens do misticismo

Acredita-se que o termo *misticismo* deriva da palavra grega que significa "fechar os olhos ou lábios". Ela foi usada pela primeira vez em conexão com as religiões de mistérios gregas. "Místicos" eram aqueles que prometiam manter segredo dos rituais de sua religião.

Filósofos neoplatônicos que chamavam suas doutrinas de místicas ensinavam seus discípulos a fechar os olhos para o mundo externo e voltar-se para dentro em profunda meditação a fim de descobrir verdades místicas. Creio que ensinavam os discípulos a fechar os olhos e se voltar para dentro para que desenvolvessem os sentidos espirituais, inclusive visão e audição internas.

Fechar os olhos implicava entrar em um plano de consciência à parte da mente concreta. Eles tinham de ir além da mente intelectual para alcançar níveis tanto do superconsciente quanto do subconsciente nos quais a alma tem ciência direta de sua identidade em Deus além dos limites do eu físico e intelectual. Os neoplatônicos procuravam levar os discípulos ao compartimento do ser no qual a alma fala com Deus e onde Deus fala com a alma.

Fílon de Alexandria, um pensador religioso judeu contemporâneo de Jesus, usava o termo "místico" para se referir não a rituais secretos, mas ao sentido oculto da palavra de Deus. Os primeiros Patriarcas da Igreja grega, Clemente e Orígenes de Alexandria, aplicaram a palavra à interpretação alegórica da escritura.

Orígenes acreditava que não podia haver real entendimento das escrituras sem comunhão com Deus. Para ele, a interpretação das escrituras era uma experiência religiosa. Assim, este pensador foi o primeiro a usar o termo "místico" para descrever uma forma de conhecer Deus. De fato, vários dos grandes temas da literatura mística remontam a Orígenes.

Orígenes de Alexandria

Séculos depois, os cristãos usaram o termo *místico* para indicar a presença oculta e sagrada de Cristo nas escrituras, sacramento e liturgia. Os influentes textos do escritor do século V ou VI Pseudo-Dionísio, o Areopagita, estabeleceu a palavra como parte do vocabulário cristão. Ele não a usou apenas para discutir a interpretação das escrituras, mas também encorajou o exercício da "contemplação mística", deixando para trás "os sentidos e operações do intelecto"[3] para se unir a Deus. A "teologia mística" acabou sendo usada na Igreja para representar conhecimento de Deus conquistado por meio da contemplação.

Cada era traz novas revelações de Deus

Aqueles que anseiam por conhecer e ver Deus estão se conectando ao conhecimento onipresente do Eu Superior e de um chamado mais elevado. Sentimos que somos extensões de Deus, e realmente somos almas e espíritos ígneos, seres espirituais usando vestes de carne como um sobretudo que pusemos nesta vida e muitas vezes antes. A alma precede este corpo e existirá depois que a forma física que vestimos não sirva mais às necessidades dela.

A criação de um novo corpo, portanto, não é a criação de uma nova alma. Toda vez que nossa alma se prepara para reencarnar, fica repleta de uma sensação de voltar para resolver situações não resolvidas, terminar seu trabalho e dar ao mundo algo de si — uma criação artística, um presente de amor e doçura, gentileza, ou alguma grande conquista.

Sendo assim, mesmo que a mente externa não esteja ciente, nossa alma sabe subconscientemente que está destinada a se reunir ao Senhor. Encarnação após encarnação, este conhecimento de alma nos impeliu aos pés de nossos instrutores, alguns verdadeiros, outros falsos. Bebemos dos cálices da comunhão das religiões mundiais e saboreamos algo da essência do Senhor em cada uma delas.

Então, para oferecer a seus filhos uma nova consciência dele mesmo, Deus libera novas religiões. Não podemos assimilar o Senhor por inteiro de uma vez. Assim como não comemos toda a comida de uma vida inteira de uma vez, mas porção por porção; assim assimilamos Deus de migalha em migalha.

Durante períodos específicos de tempo chamados eras, uma civilização, um continente ou um planeta inteiro é destinado a assimilar determinado atributo de Deus. A abertura destas épocas é acompanhada pelo nascimento de um *avatar*, termo sânscrito para "encarnação de Deus". Este avatar encarna o Verbo (o Cristo) que se refere à dispensação que ele inaugura.

A extensão de uma era, aproximadamente 2.150 anos, é relacionada à precessão dos equinócios. Este é o termo astronômico usado para descrever o movimento lento do eixo polar ártico. À medida que o eixo se movimenta, o ponto do equinócio da primavera se move pelos signos do zodíaco, indicando a era em que nos encontramos.

O ponto do equinócio leva cerca de 2.150 anos para passar pelos trinta graus do zodíaco, ou um signo astrológico. Então, apesar de ninguém saber exatamente quando uma era começa ou termina, sabemos que cerca de 4 mil anos atrás entramos na era de Áries. Cerca de 2 mil anos atrás entramos na era de Peixes. E agora estamos entrando na era de Aquário.

Deus como Pai, Legislador e Lei Universal

Cada era marca uma nova dispensação de luz de Deus que dá às evoluções da Terra uma nova consciência da Presença de Deus. Eu entendo que a dispensação de Áries traz a consciência de Deus como Pai, Legislador e personificação da própria Lei Universal. Esta era foi caracterizada pela comunhão direta de Deus com Moisés e a dádiva de Deus para todas as gerações de seu nome EU SOU O QUE EU SOU,[4] pelo qual eles também podem entrar em comunhão com Deus. Moisés nos mostrou ser direito divino de todo filho e de toda filha de Deus caminhar e conversar com a Presença Interna de Deus, o Grande EU SOU. A condição: "Guarde meus mandamentos."[5]

Também na era de Áries e um século antes de Moisés, o faraó egípcio Akhenaton introduziu o monoteísmo no Egito e alcançou a união mística com Deus por meio de sua meditação sobre o sol e sobre o Sol por trás do sol — a Causa espiritual por trás do efeito físico que vemos como nosso próprio sol e todas as demais estrelas e sistemas solares. Akhenaton chamava Deus de *Aton*. O símbolo de Aton era o sol com raios divergentes terminando em mãos. Isto simbolizava que o homem é a mão de Deus em ação e que, assim como o sol e seus raios são um só, não existe separação entre Criador e criação. O nome Akhenaton significa "aquele que serve a Aton". O faraó acreditava ser um filho de Aton. Ele realmente se considerava a emanação de luz do Deus único.

Moisés e a sarça ardente

Deus como Filho, Cristo e Intercessor

A era de Peixes trouxe a percepção de Deus como Filho, revelada a nós no Cristo Universal, a emanação de luz ou "filho unigênito" de Deus, personificado em Cristo Jesus. Em Jesus, o filho do homem estava plenamente integrado com o Cristo. Jesus veio nos mostrar nossa meta de vida — unir-nos plenamente com este Cristo. Ele nos mostrou como seguir a senda da cristicidade pessoal para que possamos realizar também o Filho de Deus, o Cristo, em nós mesmos. A condição: "Amar-me e guardar meus mandamentos."[6] O profeta Jeremias profetizou a revelação plena do Filho de Deus que deveria aparecer na era de Peixes. Ele viu o Filho como "O Senhor, Nossa Justiça".[7]

Deus como Espírito Santo e Mãe Divina

O alvorecer da era de Aquário traz a percepção de Deus como Espírito Santo e Mãe Divina. Nesta era o Feminino divino está destinado a ser exaltado tanto no homem quanto na mulher como o fogo sagrado que se eleva no altar de nosso ser. Na era de Aquário, nossa alma está destinada a usar o vestido de núpcias para sua fusão com a Mãe Divina e o Espírito Santo. A condição que devemos cumprir é a autotranscendência por meio do amor divino.

Em suma, podemos apenas nos ver como vemos Deus; não há outro modelo para nosso ser espiritual. Este é um princípio fundamental da senda mística. Se polirmos nossa alma e polirmos o espelho da alma e direcionarmos este espelho através da atenção a Deus, então poderemos sempre olhar no espelho de nossa alma e vê-Lo. Assim, o desdobramento da identidade de Deus dentro de nós e nossa identificação com Ele culminarão na experiência direta de Deus, seguida pela união com Ele. Esta é a meta de todas as encarnações que tivemos anteriormente e a meta de nossa vida hoje.

Poder através dos nomes de Deus

Em cada era Deus também nos deu um ou mais nomes por meio dos quais podemos invocar esta nova imagem ou atributo e, pela reflexão, torná-la nossa. Os nomes de Deus que nos vêm por meio das grandes tradições religiosas são chaves, cada um dando acesso a uma porção da energia divina. Cada vez que nos devotamos a Deus por meio de um nome específico, é como se tivéssemos uma fôrma diferente para assar os mesmos biscoitos. Assim como os biscoitos sairão no formato que escolhermos, da mesma forma a luz que nos vem por meio de um nome de Deus em particular trará a vibração única daquele nome.

Com o tempo talvez desenvolvamos uma sintonia para perceber a vibração de Deus distinta e separada que estamos recebendo ao entoar tal nome. Quando Deus revelou o nome EU SOU O QUE EU SOU a Moisés no Monte Sinai, ele disse: "Este é o meu nome eternamente, e este é o meu memorial de geração em geração."[8] Com a dádiva deste nome, Deus revelou sua Presença individualizada para cada um de nós — nosso EU SOU O QUE EU SOU *personalizado*, uma porção de seu ser e sua consciência. Assim, cada vez que aprendemos um nome para invocar a Deus, ganhamos acesso a uma porção do Eu Divino que antes estava fora de nosso alcance.

Conhecimento dos nomes de Deus implica ganho de poder. Deus concedeu poder a seu povo ao longo de muitas eras, e por meio deste ganho de poder aprendemos a expandir a luz de dentro de nossos chacras — centros espirituais no interior de nosso templo do corpo que permitem a troca de energia do mundo espiritual para o nosso mundo e ancoram diferentes facetas da consciência de Deus.[9] Os nomes de Deus são chaves preciosas para o coração, a mente e o espírito divinos, e nosso destino é nos espelharmos e nos tornarmos este estado de consciência.

Talvez seja bom ter um caderninho para escrever os nomes de Deus que se vai aprendendo. Como estes nomes foram recebidos durante uma dispensação específica, para um povo específico, não vai adiantar muito se não entendermos seu significado, a tradição da qual vieram, e a natureza da devoção do povo que usou tais nomes pela primeira vez. Mas quando entendemos verdadeira e profundamente um nome e a faceta de Deus para a qual ele serve de chave, percebemos que é possível incorporar e passar a ser essa faceta de Deus.

A PRESENÇA INTERIOR

Intercessão dos santos

Assim como acessamos vários atributos de Deus através do uso de nomes diferentes, também podemos acessar os atributos e a intercessão dos seres celestiais ao chamá-los. Partimos do pressuposto de que os nomes que usamos para os santos e seres celestiais são seus nomes verdadeiros, mas eles, na verdade, são chaves para se acessar a porção de seus seres que eles podem nos oferecer. A porção que recebemos depende da Grande Lei. Assim, quando apelamos a um ser celestial por esse nome, invocando sua assistência com devoção e em nome de Deus, recebemos deste ser apenas a luz e o poder de Deus para o qual esse nome é um cálice e nada mais, pois ainda não estamos no nível de receber uma porção maior.

O carma nos impede de nos vermos uns aos outros com precisão, de modo que precisamos de um mentor que possa nos ajudar a ver e superar nossos pontos fracos, e a ver e desenvolver nossos pontos fortes. Assim, encorajo os estudantes que desejam a união com Deus a estudar as vidas dos grandes santos e místicos e selecionar como mentor espiritual aquele de quem mais precisarem, aquele que mais amarem, aquele por quem mais se atraírem, pois assim crescerão mais.

Para estabelecer um laço com o mentor espiritual que tiver escolhido, dirija-lhe orações. Caminhe e converse com ele ou com ela ao longo do dia. Em qualquer situação, pergunte-se: o que meu mentor espiritual faria? Rogue a ele ou ela que oriente sua alma. Que nunca deixe de bater à sua porta. Os grandes santos estão em nosso meio, querendo nos ajudar a acelerar o desenvolvimento pleno de nossa alma.

Teresa de Lisieux expressou claramente este desejo dos santos de nos ajudar. Pouco antes de fazer sua transição, ela disse:

> Eu sinto especialmente que minha missão está prestes a começar, minha missão de fazer Deus amado como eu O amo, de abrir meu pequeno caminho para as almas. Se Deus responder a meus desejos, passarei meu paraíso na terra até o fim do mundo. Sim, eu quero passar meu paraíso fazendo o bem na terra.[10]

A partir de pouco depois de sua morte e continuando até hoje, milhares e milhares de relatos de curas, conversões e intercessões têm sido atribuídas a Santa Teresa. Esta adorada santa foi canonizada apenas 28 anos depois de fazer a transição.

Ajuda celestial para os místicos de hoje

Para reconhecer e acompanhar os passos dos místicos, precisamos saber como se parece a vida de um místico, como ele conversa e pensa, como ele se vê em relação a Deus. Precisamos de exemplos que nos mostrem o caminho, e os melhores exemplos são aqueles que já se tornaram um com Deus — os mestres ascensos, aqueles santos e adeptos vindos todas as culturas e religiões que já se uniram com Deus. Referimo-nos a eles como mestres ascensos porque eles aceleraram sua consciência para se tornarem um com Deus. Eles se deram conta de que Deus estava onde eles estavam — neles — e que eles eram seu receptáculo.

Não se deram por satisfeitos de serem meros reflexos de Deus. Na verdade, eles lutaram para se tornarem Deus manifesto na plenitude de sua porção. Para tanto, equilibraram o amor, a sabedoria e o poder de sua chama trina, a centelha do Divino em seus corações. Eles dominaram tempo, espaço e circunstâncias — ou seja, realizaram o propósito da jornada de suas almas na Terra e equilibraram pelo menos 51% de seu carma. (Pela graça de Deus, as almas que ascendem com uma porção de seu carma remanescente têm permissão para equilibrar o restante a partir do estado ascenso por meio de serviço à Terra e a suas evoluções.) Há outros requisitos para a ascensão também, mas estes são os principais.

Portanto, tendo cumprido os requisitos da Lei, estes mestres ascenderam para dentro da luz branca do EU SOU O QUE EU SOU, livre das rodas do carma e do renascimento, e se tornaram para sempre um com sua Presença Divina. Você também, como filho ou filha de Deus, está sendo chamado para ascender de volta a Deus quando tiver realizado todos os requisitos para a ascensão.

Os cristãos se referem à ascensão como "ir para o céu", e Jesus é o mais famoso mestre ascenso. Outros certamente lhes serão familiares também, entre eles São Francisco de Assis, Santa Teresa de Lisieux e Santa Teresa d'Ávila. A maioria é desconhecida. Neste livro descreveremos as provações e triunfos de santos e místicos cristãos conhecidos e desconhecidos que, tendo procurado e alcançado a união com a Presença de Deus, são agora mestres ascensos.

Saint Germain, por Charles Sindelar

Saint Germain: Um mestre da era de Aquário

Ao longo destas páginas vocês também conhecerão Saint Germain. Eu o apresento aqui porque ele desempenha um papel significativo em nossas vidas na era de Aquário e também por ser um dos principais exemplos de mestre ascenso desconhecido. Ao longo de várias encarnações — das quais na última ele foi conhecido em todas as cortes da Europa no século XVIII como Conde de Saint Germain —, ele lutou para trazer a luz do Cristo e a alquimia da liberdade para o povo da Terra.

Para que vocês tenham uma noção das contribuições deste grande mestre ascenso e adepto, destaco aqui sua encarnação no século XIII como Roger Bacon, cientista agudamente perceptivo, filósofo, monge, alquimista e profeta.

Bacon acreditava que sua consciência derivava do "verdadeiro conhecimento", o qual, dizia ele, "não brota da autoridade de outrem, nem da fidelidade cega a dogmas antiquados". Dois de seus biógrafos escreveram que ele acreditava que o conhecimento é uma "experiência muito pessoal — uma luz que é comunicada apenas à mais interna privacidade do indivíduo por meio dos canais imparciais de todo conhecimento e todo pensamento".[11]

Detalhe da estátua de Roger Bacon, museu da Universidade de Oxford

E assim Bacon, que foi palestrante em Oxford e na Universidade de Paris, afastou-se da academia para buscar e encontrar sua ciência na religião. Ao entrar na Ordem Franciscana dos Frades Menores, ele disse: "Conduzirei meus experimentos das forças magnéticas do ímã no mesmo lugar santo onde meu colega cientista São Francisco realizou seus experimentos com as forças magnéticas do amor."[12]

Mas por causa da visão de mundo científica e filosófica do frade cientista, de seus ousados ataques aos teólogos de sua época e seu estudo de alquimia, astrologia e magia, ele acabou aprisionado por seus próprios companheiros franciscanos, acusado de "heresias e inovações". Ele permaneceu na solitária por 14 anos e foi libertado pouco antes de sua morte. Apesar de seu tempo de vida estar no fim e seu corpo estar arrasado, ele sabia que os empenhos que realizou não deixariam de causar impacto no futuro.

Hoje, de seu estado ascenso, Saint Germain tem o compromisso de nos ajudar a conseguir liberdade eterna. Devido a seu empenho em nos ajudar perante as cortes celestiais, algumas das práticas mais árduas dos primeiros místicos cristãos, especialmente no que diz respeito ao equilíbrio do carma, foram trocadas pelos ensinamentos e práticas espirituais que ele patrocina para a nossa era.

Os santos e mestres ascensos são nossos professores imortais e podemos aprender com suas experiências de vida na Terra. Eles estão aqui hoje, visíveis e invisíveis, bem no nosso meio. E continuam a nos ensinar, assim como adeptos de tempos antigos transmitiam seus ensinamentos — em conversas francas junto a um círculo interno de devotos confiáveis.

Orações e meditações

A experiência de Deus no aqui e agora é a grande aventura que buscam os místicos. Para facilitar esta experiência, cada capítulo será concluído com uma seleção de orações faladas e meditações. Eu os convido a usá-las em profunda meditação em Deus para cultivar e quem sabe sentir sua Presença como o fogo do Cristo em seus corações.

Adoração a Deus

Façam esta oração lentamente e com devoção. Isto lhes ajudará a se sentirem perto da Presença Divina, o EU SOU O QUE EU SOU. Tentem fazê-la no começo de sua sessão de orações. Então reparem, à medida que segue o dia, se vocês se sentem mais firmes em Deus e mais em paz com seus entes queridos e demais pessoas.

Ao dizerem as palavras, reflitam sobre seu significado. Visualizem-se ascendendo em consciência rumo à sua Presença Divina. Sintam a bênção de Deus. Imaginem-se cercados por uma cobertura de bela luz rosada. Vejam a luz penetrando cada célula de seu corpo. Sintam e saibam que estão passando pela transformação, partícula por partícula, à medida que vivenciam a união com Deus e com toda a criação.

Amada e poderosa Presença do EU SOU,
Que meu coração fazes bater,
Exerce agora mesmo o Teu domínio
 Parte da Tua Vida eu quero ser.
Reina e vive para sempre
Nesta chama que arde em mim;
Que de Ti nunca me ausente,
Que nossa reunião comece assim.

Todos os dias procedem
Do Poder que de Ti corre,
Avançando como um rio,

Tão alto como uma torre.
EU SOU fiel ao Teu Amor
Que como um sol resplandece;
Agradeço o Teu rumo salvador
E o Teu "Sim" que me enobrece.

Eu Te adoro! Eu Te adoro! Eu Te adoro! (3 vezes)
Ó, Deus, como és maravilhoso! (9 vezes)
Eu Te adoro! Eu Te adoro! Eu Te adoro! (3 vezes)

Rumo à Perfeição seguindo,
Que a graça do amor me enlace
A Teu centro conduzindo —
Enfim, vejo a Tua face!
Visão de imortal Poder,
Amor, Saber, Honra também,
Cobre de Glória o meu ser,
Que eu não veja mais ninguém!

Ó, Deus, como és maravilhoso! (9 vezes)
Eu Te adoro! Eu Te adoro! Eu Te adoro! (3 vezes)
Ó, Deus, como és maravilhoso! (9 vezes)

Meu amado EU SOU! Amado EU SOU! Amado EU SOU!

A Aliança dos Magos

Pai, nas Tuas mãos eu confio o meu ser. Recebe-me e usa-me — meus esforços, pensamentos, meus recursos, tudo o que EU SOU — no Teu serviço ao mundo dos homens e aos nobres propósitos cósmicos, que a minha mente ainda não conhece.

Ensina-me a ser bondoso no caminho da Lei que desperta os homens e os conduz às margens da Realidade, à confluência do Rio da Vida, à fonte do Edênica, para que eu possa compreender que as folhas da Árvore da Vida, que me são oferecidas diariamente, se destinam à cura das nações; que, à medida que as recolho no tesouro do ser e ofereço o fruto da minha adoração amorosa a Ti e aos Teus propósitos supremos, eu estabelecerei de fato uma aliança contigo como meu guia, meu guardião, meu amigo.

Pois Tu és o conector que trará à minha vida contatos celestes, limitados apenas pelo fluxo das horas, que me ajudarão a realizar, no mundo dos homens, o aspecto mais significativo do plano individual da minha vida tal como Tu o concebeste e tal como foi executado em Teu nome pelo Conselho do Carma de supervisores espirituais que, sob a Tua sagrada direção, administram as Tuas leis.

Que assim seja, ó Pai eterno, e que a aliança com o Teu Filho amado, o Cristo vivente, o Unigênito da Luz, me ensine a ter consciência de que Ele vive hoje no seio da triunidade do meu ser como o Grande Mediador entre a minha Presença Divina individualizada e o meu eu humano; de que Ele me eleva à Consciência Crística e à Tua realização divina, para que, assim como o Filho eterno se torna um só com o Pai, também eu possa tornar-me um só contigo no momento dinâmico em que da união nascerá a minha perfeita liberdade de me mover, pensar, criar, planejar, cumprir, habitar, herdar, morar e permanecer totalmente na plenitude da Tua Luz.

Pai, nas Tuas mãos eu confio o meu ser.

CAPÍTULO 2

Deus habita dentro de você

"Não sabeis vós que sois o santuário de Deus, e que o Espírito de Deus habita em vós?",[1] o apóstolo Paulo instruiu os coríntios. Quão frequentemente pensamos, ao andar por aí, que um poderoso Espírito de Deus reside em nosso templo do corpo, vivendo em nós, e que o Espírito de Deus nos acende e nos impele a completar nossa missão e amar e confortar a todos que encontramos? Os místicos acreditavam que o objetivo da alma era ser a residência de Deus e participante da natureza divina. Sua senda de ascensão a Deus incluía a busca da Presença Interna de Deus e o intercâmbio direto com Deus por meio da oração e da contemplação.

No misticismo cristão este ensinamento remonta às palavras de Jesus e dos apóstolos. Na Última Ceia, Jesus prometeu aos discípulos: "Se alguém me amar, guardará a minha palavra. Meu Pai o amará, e viremos para ele e nele faremos morada."[2] Manter em nosso coração as palavras de Jesus e, em última análise, a Palavra que ele era, o EU SOU O QUE EU SOU, nos une a ele. Esta é a promessa de Jesus: que o Pai (a poderosa Presença do EU SOU) e o Filho (o Cristo) farão morada em nosso templo aqui e agora, enquanto estamos encarnados, se guardarmos as palavras de Jesus, se mantivermos o espírito da chama viva do amor ardendo em nossos corações, se expressarmos a compaixão de Cristo a todos.

Isto pode acontecer mais rápido do que podemos perceber se nos determinarmos a não guiar mais nosso comportamento pela mente carnal e sim por Cristo. Como Paulo escreveu aos romanos: "[...] a inclinação da carne é morte; mas a inclinação do Espírito é vida e paz [...] Porque todos os que são guiados pelo Espírito de Deus são filhos de Deus [...] O mesmo Espírito testifica com nosso espírito que somos filhos de Deus: se somos filhos, logo somos também herdeiros; herdeiros de Deus e co-herdeiros de Cristo."[3]

É assombroso andar por aí em um recipiente de argila e perceber que Deus habita este templo e que temos poder de aumentar e intensificar sua habitação se vivermos uma vida guiada pelos princípios do Espírito. Ou podemos reduzir a presença de Deus em nós a zero se mantivermos um estado de raiva, egoísmo, sensualidade etc. Somos os mestres de nosso templo do corpo. Decretamos se Deus encontrará espaço em nós. Pedro disse que por meio da bondade e da glória de Cristo podemos ser "participantes da natureza divina"[4] aqui e agora. A morte não é um passaporte para esta experiência. Eu faço um convite, aqui e agora, para que vocês compartilhem da natureza divina.

A centelha divina dentro de cada alma

> Meister Eckhart ensinou:
> Há algo na alma que é tão semelhante a Deus que é unificado a Ele [...] A semente de Deus dentro de nós.[5] [...] Tem uma parte da alma que segue intocada pelo tempo ou pela mortalidade; ela vem do Espírito e permanece eternamente no Espírito e é divina [...] Aqui Deus brilha e resplandece sem cessar, em toda Sua abundância e doçura e enlevo.[6]

Ele não poderia ter escrito isto sem ter passado pela experiência. Minha esperança é que vocês também venham a vivenciar repetidas vezes o fogo de Deus que "brilha e flameja sem cessar" em seu coração. Durante os momentos de oração e meditação, ponham a mão sobre o coração e o acariciem ternamente. Rogo que sintam a Presença de Deus como o fogo de Cristo em seu coração.

Meister Eckhart também escreveu: "A centelha da alma [...] é criada por Deus [...] é uma luz que vem do alto [...] é uma imagem da natureza divina, que sempre se opõe ao que não é divino. Ela está [...] sempre inclinada ao bem."[7] Ensinou ele: "Como o Próprio Deus semeou sua semente [de Deus dentro de nós], a selou e impregnou, ela pode ser de fato coberta ou escondida, mas jamais destruída nem extinta em si; ela brilha e cintila, resplandece e arde e se inclina sem cessar em direção a Deus."[8]

O Cristo toma forma dentro de você

Além de acreditarem que todos os homens são como Deus por natureza e que dentro de cada alma existe uma centelha do Divino, os místicos antigos acreditavam que o Cristo Interno se forma dentro do indivíduo. Paulo foi o primeiro a registrar esse conceito. Ele escreveu: "Eu vivo, e já não vivo, mas Cristo vive em mim."[9] Paulo descobriu não apenas que o Cristo vivia nele, mas também que, quando Cristo vivia nele, ele não vivia mais em si mesmo. Dessa forma, ele não se percebia mais simplesmente como sendo Paulo; na verdade ele era Paulo, um com Cristo.

Paulo proclamou também que o Cristo Interno é a herança de todo cristão. Ele escreveu aos gálatas: "De novo sinto as dores do parto, até que Cristo seja formado em vós."[10] Ele disse aos colossenses que Deus mostraria a seus santos o quão grandes são "as riquezas da glória deste mistério [...] que é Cristo em vós, esperança da glória".[11] A maneira pela qual Cristo se forma em nós é a maneira que permitimos. Para nos prepararmos para recebê-lo, podemos atentar diariamente para Jesus Cristo, para o Cristo Interno e para a chama do Cristo dentro de nossos corações.

O arrebatamento de São Paulo, *por Nicolas Poussin*

Orígenes escreveu: "O nascimento [de Cristo] não começou só em Maria [...] mas em você também, se você for digno, nasce o VERBO de Deus. Se sua mente for pura, se seu corpo for santo e seus atos, irrepreensíveis, você poderá dar à luz o próprio Cristo."[12] É de surpreender que as palavras de Orígenes tenham sido amaldiçoadas? Dizer no século III ou IV que também podemos dar à luz o Cristo era considerado blasfêmia. Meister Eckhart ensinou que o nascimento do Filho de Deus no interior do indivíduo é até mais importante do que a encarnação do Jesus histórico. Ele alegava que "é mais digno de Deus que Ele nasça espiritualmente [...] de toda alma boa do que nascer fisicamente de Maria".[13] Para aquela época, estas eram declarações chocantes.

O autor Sidney Spencer explica que, para alguns místicos, Cristo é...

> não apenas mero personagem histórico, mas um princípio universal — o Verbo, o Logos, o Filho de Deus, a Luz divina nos homens [...] Esta "humanidade divina" está encarnada onde quer que os homens elevem-se à união com Deus. É natural, portanto, que [os místicos] falem do nascimento da consciência espiritual no homem como sendo o nascimento de Cristo nele. Os *quakers* [por exemplo] usam o termo "Luz de Cristo" alternadamente com "a Luz Interna".[14]

Para o místico protestante do século XVIII William Law, o Cristo é "o Filho do Verbo de Deus encarnado em Jesus, mas manifesto também em qualquer homem que se volte para Deus com fé e amor". Law acreditava que o Cristo é "um princípio universal, 'a vida e a luz e a santidade de toda criatura que é sagrada'. E é a elevação deste princípio dentro de nós que é 'o nascimento de Cristo' em nossas almas".[15]

Paul também conhecia o Espírito Santo como um intercessor que reside no interior de cada um. Escreveu ele:

> O Espírito também ajuda as nossas fraquezas. Não sabemos o que havemos de pedir como convém, mas o mesmo Espírito intercede por nós com gemidos inexprimíveis. E aquele que examina os corações sabe qual é a intenção do Espírito, porque segundo a vontade de Deus é que intercede pelos santos.[16]

Paulo está dizendo que ouviu a voz do Espírito Santo vinda de dentro, oferecendo orações e súplicas em favor de sua alma com gemidos. Pensem em como o Espírito de Deus se esforça para nos trazer de volta ao estado de unidade de nossa alma com Deus! Paulo também está dizendo que o Cristo Interno de cada um conhece a mente do Espírito Santo, pois este intercede em nosso favor de acordo com a vontade de Deus. Então podemos invocar ao Espírito Santo e pedir que interceda por nós em todas as questões que nos estejam atormentando.

Este nascimento de Cristo em nossa consciência e em nossas almas surge quando estamos acompanhados pela Presença de Cristo. Este novo nascimento da consciência é como um despertar dentro de nós de uma esfera maior do Eu Crístico que ainda precisamos preencher — e fazemos isto por meio da intercessão do Espírito Santo. O bebê tem que crescer e se fortalecer no espírito do SENHOR até alcançar a plenitude de sua Filiação, de sua Cristicidade em Deus. Quando isto ocorre, a alma se funde, ou se liga, a Cristo — a Jesus Cristo e, por meio dele, ao Cristo Interno.

A chama trina da Trindade

O que Meister Eckhart estava descrevendo como "a centelha da alma" é a *centelha divina*, a qual, tecnicamente falando, não faz parte da alma. Às vezes, os místicos não fazem distinção entre a alma e a centelha divina. Os mestres ascensos ensinam que a semente do Cristo Interno é literalmente uma centelha de fogo sagrado do coração de Deus. É o ponto de contato entre nossas almas e a Origem Suprema de toda vida. A alma é o potencial do indivíduo de realizar Deus. A centelha divina é o instrumento para esta realização. Sem a centelha divina, a alma não poderia exercitar seu potencial de realizar Deus.

Saint Germain ensina que a Presença Interna de Deus é uma chama trina ancorada em uma câmara secreta dentro do coração. Esta chama tem três "plumas" que correspondem à Trindade do Pai, do Filho e do Espírito Santo, e expressam os três atributos primários de Deus: poder, sabedoria e amor. Enquanto cuidamos desta chama, teremos uma identidade única em Deus e estamos para sempre unidos a seu coração. O perdão final e definitivo de Deus se expressa a nós por esta dádiva da chama trina — o potencial de nossa alma de realizar a totalidade de Deus como a totalidade do Eu.

Então a meta não só de uma, mas de várias encarnações, é ativar a chama trina por nossa devoção a Deus para que ela aumente até que a Divindade que vive em nós tome conta, como ocorreu com Jesus. Jesus é nosso Senhor e Salvador porque a totalidade da Divindade reside fisicamente dentro dele. Por meio dele nós podemos ter esta chama reacendida, caso a tenhamos apagado como resultado de alguma violação extrema das leis de Deus. Por meio dele podemos nos unir de novo a nosso Santo Cristo Pessoal. Jesus nos guardou a oportunidade de sermos imortais ao assumir sobre si nosso carma na era de Peixes. Jesus era e é o Verbo encarnado. Ele é o místico supremo que ilumina o caminho para todos que queiram seguir até a plenitude da luz de Deus se expressar dentro de si mesmos.

A chama trina

Sua Identidade Divina

Saint Germain abriu o caminho do misticismo para o mundo no século XX quando revelou a Imagem de Seu Eu Divino, que retrata a união mística da nossa alma com Deus. Esta Imagem é uma representação de nossa anatomia espiritual, um diagrama de nós e de nosso potencial de nos tornarmos quem realmente somos. E ela é um sinal do coração de Saint Germain para os místicos de todas as eras passadas que devem reencarnar nesta era de que chegou a hora da realização de sua razão de ser — a união com Deus. Através da meditação sobre a Imagem de Seu Eu Divino e de profunda adoração à sua Presença Divina, chegaremos mais perto de ver o Santo dos santos de nossa Realidade Divina.

As três figuras na Imagem de Seu Eu Divino correspondem à Trindade cristã: a figura superior corresponde ao Pai (que é um com a Mãe), a figura do meio ao Filho e a figura abaixo ao templo do Espírito Santo.

Nós chamamos nosso Deus Pai e Mãe de a Presença do EU SOU. Este é o EU SOU O QUE EU SOU, o Legislador, que Deus revelou a

Moisés e individualizou para todos os Seus filhos e todas as suas filhas. Sua Presença do EU SOU está envolta por sete esferas concêntricas de luz nas cores do arco-íris. Isto forma o Corpo Causal, que é o local de habitação da sua Presença do EU SOU.

As esferas de nossos Corpos Causais são planos sucessivos da consciência de Deus que formam nosso mundo celestial. São elas as "muitas mansões" da casa de nosso Pai, onde armazenamos nossos "tesouros no céu". Nossos tesouros são nossas palavras e obras dignas do Criador, pensamentos e sentimentos construtivos, nossas vitórias para o bem, as virtudes que encarnamos para a glória de Deus. Quando exercemos nosso livre-arbítrio com prudência para diariamente usar as energias de Deus em amor e em harmonia, estas energias automaticamente ascendem ao Corpo Causal. Elas se acumulam em nossas almas como "talentos" que podemos então multiplicar à medida que os usamos bem, encarnação após encarnação.

O desvelar do EU SOU O QUE EU SOU como a Presença do EU SOU de todo filho de Deus é o equivalente ao véu no templo sendo rasgado ao meio. O Antigo Testamento fala do véu que separava o lugar santo no qual os padres entravam no Santo dos santos, onde residia a arca da aliança e na qual apenas o sumo sacerdote entrava, uma vez ao ano, no Dia do Perdão.[17] O Novo Testamento fala do rasgar daquele véu na hora da crucificação de Jesus.[18] O rasgar do véu significa que, daí por diante, todos os que aceitarem Jesus como o Sumo Sacerdote e Mediador em suas vidas também terão acesso ao Cristo individualizado, a quem chamamos adequadamente de Santo Cristo Pessoal. Jesus reconecta a alma com seu Santo Cristo Pessoal. Devemos ter Jesus, nosso Senhor e Salvador e Intercessor, pois Deus o mandou com o propósito de nos salvar.

A figura do meio da Imagem do Seu Eu Divino representa o "Filho Unigênito" de Deus Pai e Mãe, o Cristo Universal. Ele é seu mediador pessoal e o defensor de sua alma perante Deus. João falou desta presença individualizada do Filho de Deus como "a Luz verdadeira que ilumina a todos os homens estava vindo ao mundo".[19] Ele é o seu Eu Superior, seu Instrutor Interior, seu Cônjuge Divino e Amigo mais querido, e ele

A Imagem do Seu Eu Divino — Uma visualização para a união mística

é mais comumente conhecido como o Anjo da Guarda. Nosso Santo Cristo Pessoal nos envolve durante todas as horas do dia e da noite. Aproximem-se dele e ele se aproximará de vocês.

A figura na parte de baixo da Imagem do Seu Eu Divino nos representa como discípulos na senda de união com Deus. Ela representa sua alma evoluindo pelos planos da Matéria, usando os veículos dos quatro corpos inferiores para equilibrar o carma e cumprir seu plano divino. Os quatro corpos inferiores são o corpo etéreo (corpo da memória); o corpo mental; o corpo dos desejos (corpo emocional) e o corpo físico.

A figura inferior está envolvida por um tubo de luz projetado do coração da Presença do EU SOU em resposta a seu chamado. Trata-se de um cilindro de luz branca que sustenta um campo de força de proteção 24 horas por dia, contanto que a pessoa mantenha sua harmonia em pensamento, sentimento, palavras e obras. (Ver páginas 87 e 167 para mais informações sobre como invocar este tubo de luz protetor.)

Selada na câmara secreta de nossos corações se encontra a chama trina da Vida. É sua centelha divina, a dádiva da vida, da consciência e do livre-arbítrio de sua amada Presença do EU SOU. Por meio do amor, da sabedoria e do poder da Divindade ancorados em nossa chama trina, nossas almas podem cumprir sua razão de ser na Terra. Também conhecida como chama de Cristo e chama da liberdade, ou *fleur-de-lis*, a chama trina é a centelha da Divindade da alma, seu potencial de Cristicidade.

O cordão de prata (ou de cristal) é o fluxo da vida que desce do coração da Presença do EU SOU até o Santo Cristo Pessoal para nutrir e sustentar (através dos sete chacras e da câmara secreta do coração) a alma e seus quatro corpos inferiores. É por este cordão "umbilical" que flui a luz da Presença, entrando no ser do homem pelo chacra da coroa e dando ímpeto para a pulsação da chama trina na câmara secreta do coração.

A figura inferior representa o filho do homem ou filho da luz evoluindo sob a sua "Árvore da Vida". Ela corresponde ao Espírito Santo, pois a função da alma e dos quatro corpos inferiores é ser o templo do Espírito Santo. A chama violeta, o fogo espiritual do Espírito Santo, envolve a alma enquanto a purifica, e é assim que devemos nos visualizar de pé na chama violeta. Podemos invocar a chama violeta diariamente em nome de nossa Presença do EU SOU e do Santo Cristo Pessoal para purificar nossos quatro corpos inferiores e consumir os pensamentos e sentimentos negativos e o carma negativo, em preparação para o ritual do casamento alquímico — a união de sua alma, ou casamento espiritual, com seu Amado, seu Santo Cristo Pessoal, e com Cristo Jesus.

Vê-se, logo acima da cabeça do Cristo, a pomba do Espírito Santo descendo na bênção do Deus Pai e Mãe. Quando nossa alma alcança o casamento alquímico, ela está pronta para o batismo do Espírito Santo. Nesse momento ela poderá ouvir Deus Pai e Mãe pronunciar a divina aprovação: "Este é meu Filho amado, em quem me comprazo."

Quando a alma conclui um período de vida na Terra, a Presença do EU SOU retira o cordão de prata, e a chama trina retorna ao coração de seu Santo Cristo Pessoal. A alma, vestindo seu traje etéreo, gravita até o mais alto nível de consciência que alcançou em todas as suas encarnações anteriores. Entre uma encarnação e outra, ela estuda em retiros espirituais localizados no plano etéreo (o mundo celestial) até sua encarnação final, quando a Grande Lei decreta que ela deve retornar à Grande Origem Divina de uma vez por todas.

Nossa alma é o aspecto não permanente de nosso ser, que nós tornamos permanente pelo processo de ascensão. Por este processo, a alma equilibra carma, une-se ao Santo Cristo Pessoal, realiza o plano divino e retorna finalmente à Presença do EU SOU O QUE EU SOU. Assim se completam os ciclos nos quais ela sai para o cosmos da Matéria. Ao alcançar a união com Deus, ela se torna o Ser Incorruptível, um átomo permanente no Corpo de Deus. A Imagem de Seu Eu Divino é, portanto, um diagrama de nós mesmos — passado, presente e futuro.

Orações e meditações

O mistério do Cristo habitar em nós — apesar de ele ainda estar se formando em nosso interior — é este: até que estejamos ligados ou unidos ao Cristo, o Cristo permanecerá acima de nós, nos planos mais elevados da consciência. Usem a visualização e as orações a seguir como meditações para acelerar esta união.

Visualização para a formação do Cristo dentro de nós

Visualizem o Cristo tomando forma dentro de vocês ao imaginar pontos de luz se juntando em concentração, primeiro dispersos e vaporosos, sem forma. Quando começarem a saber quem e o que é o Cristo e quais são seus atributos, obras e palavras, estará se formando em seu interior o conceito, ou imagem, desse Cristo que adoramos e reverenciamos, deste Cristo que é nosso irmão, instrutor e amigo.

Cristo está se formando dentro de vocês todos os dias, tornando-se mais concentrado como luz até que sua Presença, sua silhueta, sua forma sejam duplicadas aqui embaixo como o Cristo Interno.

Façam esta visualização logo ao acordar ou antes de se recolher à noite. Quando visualizarem o Cristo se formando dentro de vocês, levem a mão ao peito e enviem sua devoção à chama de Cristo que reside no interior de seus corações.

Sagrada Chama do Cristo
Tu, Sagrada Chama do Cristo em meu coração
  Ajuda-me a manifestar tudo que Tu és
Ensina-me a Te ver em todos
  Ajuda-me a ensinar aos homens como invocar
Toda a Tua glória do Sol
  Até que seja vencida a grande batalha da Terra
EU SOU, nós Te amamos, Tu és tudo para nós!
  EU SOU, nós Te amamos, escuta o nosso chamado!

Eu ouço teu chamado, meus queridos filhos
  EU SOU teu coração, portanto nunca tema
EU SOU tua mente, teu corpo também
  EU ESTOU em cada uma de tuas células.
EU SOU tua terra e mar e céu
  E nenhuma alma hei de ignorar
EU SOU em ti, tu és em mim
  EU SOU, EU SOU tua vitória.

Introito à Sagrada Chama de Cristo

1. *Meu Santo Cristo, que acima de mim estás,*
   E o equilíbrio à minha alma dás!
   Que o Teu santo resplendor agora desça
   E a minha integridade restabeleça.

Refrão:
   Em mim arde sempre a Tua chama,
   Ao meu redor a Tua paz se eleva,
   O Teu amor me protege e derrama,
   A radiante Luz que a Ti me leva.
   EU SOU Tua trina radiação,
   EU SOU Tua Presença em ação,
   Que aumenta, aumenta, aumenta agora!

2. *Santa Chama de Cristo em mim,*
   Tua Luz trina expande enfim;
   Inunda meu ser com a essência amada,
   Rosa, azul, branca e dourada.

3. *Sagrado laço que me une à Presença,*
   Sempre querido amigo e irmão,
   Quero continuar Tua santa vigília,
   Ser como Tu és aqui em ação.

CAPÍTULO 3

O renascimento da senda mística

Há 2 mil anos atrás, o apóstolo Paulo anunciou a abertura do tesouro selado dos mistérios sagrados. Porém, como disse Paulo, esta era a sabedoria de Cristo para quem podia receber a experiência Crística. Ela devia ser falada apenas "entre os perfeitos". As palavras de Paulo estão no coração do misticismo cristão como encarnado por Jesus Cristo. Elas referem-se ao cerne daquela *gnose* (autoconhecimento) ensinado por Jesus a seus discípulos. Elas estão na raiz do misticismo cristão.

Em sua Primeira Epístola para os Coríntios, Paulo escreveu:

Todavia, falamos sabedoria entre os perfeitos, mas não a sabedoria deste mundo, nem dos poderosos deste mundo [ou seja, os anjos caídos], que se aniquilam;

Não, falamos a sabedoria de Deus oculta em mistério, a qual Deus ordenou antes dos séculos para nossa glória [...]

Mas, como está escrito: as coisas que o olho não viu, e o ouvido não ouviu, e não subiram ao coração do homem, são as que Deus preparou para os que o amam.

Mas Deus revelou a nós por seu Espírito. O Espírito penetra todas as coisas, até mesmo as profundezas de Deus...

Pois quem conheceu a mente do Senhor, para que o possa instruir? Mas nós temos a mente de Cristo.[1]

Ao longo de séculos e de eras temos reencarnado repetidamente, e em cada encarnação temos desenvolvido e aprofundado nosso entendimento de Deus e de nossa verdadeira natureza. E em um momento preciso da história cósmica (o ano de 1875 — o máximo de precisão que posso oferecer), passamos por um renascimento cósmico. Nesse ano, sob uma nova dispensação, os mestres ascensos abriram este tesouro selado de mistérios ocultos e começaram a dar a sabedoria de Deus através de uma série de contatos e amanuenses, incluindo místicos que foram seus pupilos por séculos, notadamente ao longo da dispensação de Peixes, ou cristã.

Uma aliança eterna

Através da Sociedade Teosófica, o mundo da metafísica, o movimento do EU SOU, a Sociedade Agni Yoga e agora, da Summit Lighthouse, os mestres ascensos transmitiram "as coisas profundas de Deus" a todos que as aceitarem. Assim, na era de Aquário, a dispensação proclamada por Paulo para o eleito — dizer a sabedoria de Deus em um mistério — é substituída por aquela que foi profetizada durante a era de Áries por Isaías.

Isaías previu para nosso tempo e nossa era a oportunidade de salvação para todos que estiverem dispostos a beber da fonte das águas da vida eterna — todos que estiverem dispostos a beber, não apenas aqueles que estiverem prontos para a experiência de Cristo, não apenas aqueles que forem perfeitos, não apenas o círculo interno.

Tenho apreciado estas palavras de Isaías desde minhas primeiras leituras da Bíblia, ainda criança. É provável que vocês as conheçam, mas talvez não saibam que a profecia de Isaías foi o desenrolar da dispensação futura de nosso tempo. Isaías era muito poderoso. Pode-se imaginar como ele comunicou isto no mercado:

Os lábios de Isaías tocados pelo fogo, *por Benjamin West*

Ó vós, todos os que tendes sede, vinde às águas, e os que não tendes dinheiro, vinde, comprai e comei! Vinde, sem dinheiro e sem preço, vinho e leite.

Imagine esta gloriosa abertura e liberdade. Isaías está dizendo que os ensinamentos são livres e gratuitos.

Por que gastais o dinheiro naquilo que não é pão? E o produto do vosso trabalho naquilo que não pode satisfazer? [...] Inclinai os vossos ouvidos [a Deus] e vinde a mim, ouvi, e vossa alma viverá. Convosco farei uma aliança perpétua.

Ouçam com o ouvido interno, pois Deus está fazendo um contrato. Ele está redigindo um contrato com vocês, seus filhos e suas filhas, e é um contrato eterno.

Buscai ao SENHOR enquanto se pode achar, invocai-o enquanto está perto.

Isaías está se referindo às dispensações destas eras nas quais Deus se aproxima do povo por meio de avatares e santos. Mas depois se passaram séculos, eras das trevas nas quais não há nenhuma centelha de luz ou iluminação. Enquanto Deus está perto, aproxime-se dele. Busque-o com o máximo fervor de seu espírito.

Então Isaías fala aos iníquos e àqueles que pecaram e que talvez achem que não podem se aproximar do profeta que é a voz de Deus falando em público. E ele diz:

> Deixe o ímpio seu caminho, e o homem maligno seus pensamentos. Converta-se ao SENHOR [a poderosa Presença do EU SOU], que se compadecerá dele, e torne para nosso Deus, pois grandioso é em perdoar.

Esta é a poderosa dispensação iniciada por Jesus Cristo, a dispensação do perdão pelo poder do Filho de Deus. E esta é a dispensação da era de Aquário e a profecia da chama violeta. Isaías está dizendo: abandone as transgressões e encare o Sol de sua Presença do EU SOU. Caminhe em direção a este Sol e jamais olhe para trás. Confesse seus pecados, receba a penitência. Tranque-se em Deus. Permita que sua alma retorne à sua poderosa Presença do EU SOU por meio de seu Santo Cristo Pessoal. Isaías continua:

> Pois os meus pensamentos não são vossos pensamentos, nem vossos caminhos são meus caminhos, diz o SENHOR.

Isto significa: abandone a indecisão! Deus é decidido! Nosso olhar deve ser singular. Esta é a mensagem de Isaías para hoje. É a senda ensinada pelos mestres ascensos. E esta é a mensagem para nosso retorno à Divindade. E então ele encerra a questão:

> Assim será a palavra que sair de minha boca: ela não voltará para mim vazia.

E todas as palavras que já foram ditas pelos profetas e mensageiros, os avatares e os Cristos de todas as eras estão indo até os confins do universo. E elas não retornarão vazias para Deus! Eu vejo a Palavra alcançando as expansões mais afastadas do cosmos, alcançando aquele final e voltando a nossos corações.

Ela não voltará para mim vazia, mas fará o que me apraz, e prosperará naquilo para que a enviei.

Nesta profecia dita por Isaías, Deus prevê o dia quando nós, como instrumentos d'Ele, usaremos o poder de sua Palavra falada. É por isto que o mestres ascensos nos deram as orações. Como eles já alcançaram a união com Deus, as orações que nos dão vêm de Deus, são as palavras de Deus. Assim, quando dizemos estas palavras, nosso decreto — a Palavra que emitimos — não retornará a nós vazia, a não ser que a bloqueemos, e que não permitamos seu retorno. Este é o poder da Palavra falada. É por isso que nossas orações são chamadas de decretos, e todos nós podemos exercer este poder.

Esta é a promessa feita por Isaías:

Com alegria saireis, e em paz sereis guiados; os montes e os outeiros exclamarão de prazer perante a vossa face [...], e todas as árvores do campo baterão palmas.

O que diz esta profecia? Que toda a natureza e as hostes angelicais nos servirão. O filho, a filha de Deus que serve à luz sem nunca parar acordará um dia e descobrirá que a luz lhe serve.

Em lugar do espinheiro crescerá o cipreste, e em lugar da sarça, crescerá a murta.

Vocês já repararam no "espinheiro" e na "sarça" crescendo em seu quintal? Por que estão lá? São carma negativo. Isaías está profetizando: em vez de colher nosso carma negativo, nós estaremos na alegria da chama violeta (que transmuta o carma ao transformar a energia negativa em positiva) e colheremos as recompensas por nossa própria virtude e pela virtude de Deus através de nós.

Isto será para renome do SENHOR, por sinal eterno, que nunca se apagará.²

Esta dispensação, que nos foi comunicada pelos ensinamentos dos mestres ascensos, não será impedida. Deus não a impedirá. Somente nós mesmos podemos impedir esta dispensação de acontecer.

Estas duas dispensações agora estão a nosso alcance. A anterior, descrita por Paulo "para os que são perfeitos", agora está aberta a "todos os que têm sede" pelo patrocínio de Jesus Cristo e dos mestres ascensos. E a última dispensação, anunciada por Isaías para a era de Aquário, é para todos que beberão livremente das águas.

🔥 Orações e meditações

Oração de Sintonia

Nesta oração, convidamos Deus a agir por nós. Tentem fazê-la pela manhã, ao começar o dia. Entregue conscientemente seus problemas a sua poderosa Presença do EU SOU e seu Santo Cristo Pessoal, e depois observem como o dia melhora.

Amada e poderosa Presença do EU SOU,
  Pai de toda a Vida—
Intercede por mim hoje:
  Preenche a minha forma.
Libera a luz necessária
  Para que eu faça a Tua Vontade,
E faz com que todas as decisões que eu tomar
  Estejam de acordo com a Tua Santa Vontade.
Faz com que as minhas energias sejam usadas para magnificar o SENHOR
  Em todos os que encontrar.
Faz com que a Tua santa Sabedoria que me é transmitida
  Seja usada de forma construtiva para a expansão do reino de Deus.
E acima de tudo, amado Pai celeste,
  Entrego-Te o meu espírito
E peço que, conforme a Tua Chama se torne uma só com a minha chama,
  A união destas duas Chamas possam pulsar
Para produzir no meu mundo
  A vigilância e sintonia constantes
Que preciso ter com a Tua Santa Presença,
  Com o Espírito Santo e com a Mãe do Mundo.

Saudação ao Sol

Esta poderosa oração nos posiciona rumo à unidade com nossa Presença Divina. Ela nos ajuda a manifestar externamente a divindade interna. Repitam o decreto lentamente de início, depois mais rapidamente à medida que as palavras vão sendo decoradas. No final, vocês poderão alcançar o estado mental de unidade com a oração, quando as palavras são repetidas por dentro em incessante comunhão com Deus, mesmo enquanto se cumpre as tarefas do dia a dia.

Ao dizer este decreto, visualizem a luz de Deus descendo ao templo corpóreo e se expandindo de seus corações para criar um ovoide esférico de luz que se expande em todas as direções até um metro a partir de seus corpos.

Ó poderosa Presença Divina.
EU SOU, no Sol e por detrás do Sol:
Que a tua luz que inunda toda a terra, seja bem-vinda.
à minha vida e pensamento,
ao meu espírito e alma.
Irradia e faz resplandecer a Tua Luz!
Rompe as cadeias das trevas e da superstição!
Infunde-me com a grande pureza
do Teu resplendor de fogo branco!
EU SOU Teu Filho, e a cada dia aumenta em mim
a tua manifestação!

CAPÍTULO 4

Contemplação mística e oração

A conclusão da crença dos místicos na Presença Interna de Deus é sua premissa de que a alma pode estabelecer uma comunicação direta com Deus por meio de contemplação mística e de oração. Eu me refiro à contemplação mística como meditação. Através da meditação buscamos acalmar o eu externo para entrar em um estado de graça de escutar, no qual nossos ouvidos e olhos internos estão fixos em nossa Presença do EU SOU e no nosso Santo Cristo Pessoal. Meditação não implica esforço nem tensão. Na verdade, trata-se de uma prática de gentil submissão ao conhecimento e à transformação de si mesmo na vontade, no amor e na sabedoria de Deus. Neste estado ficamos receptivos às virtudes de Deus e à sua infalível orientação.

A comunhão com Deus por meio da oração ocorre de duas formas essenciais: oração devocional e oração invocativa. Na oração devocional nos damos por inteiro a Deus — todo nosso coração, nossa alma, nossa mente e nosso amor. A oração invocativa é a forma que usamos para invocar a totalidade de Deus e seu amor — invocar seu coração, sua alma e sua mente para entrar em nosso ser.

Para os místicos da Antiguidade, a oração não era apenas a repetição de um arranjo predeterminado de devoções e pedidos a Deus, tampouco poderia ser para nós, hoje, uma rotina de repetições. A verdadeira oração, seja ela silenciosa ou falada, é uma oração interior na qual falamos com Deus bem do fundo da alma. É uma forma profunda e contínua de comunhão que nos inflama a alma.

São João Clímaco, abade de um monastério no Monte Sinai do século VII escreveu: "A oração é, por natureza, um diálogo e uma união do homem com Deus. Seu efeito é manter o mundo coeso."[1] Eu acrescentaria que todo aquele que mantém este tipo de relacionamento com Deus está juntando o cosmos Espiritual e o cosmos Material, pois nesse diálogo e nessa união ele chega ao nível de consciência do Filho de Deus, o Santo Cristo Pessoal.

Uma troca íntima entre amigos

Santa Teresa de Lisieux, que viveu no século XIX, descreveu sua maneira simples de orar e compartilhar com Deus:

> Para mim, a oração é uma elevação do coração, uma olhadela no Céu, um grito de gratidão e amor emitido tanto com tristeza quanto com alegria. Em resumo, trata-se de algo nobre, sobrenatural, que expande minha alma e a une a Deus [...] à parte o Ofício Divino, que apesar de meu desmerecimento é uma alegria diária, eu não procuro belas orações em livros [...] eu faço como crianças que não aprenderam a ler: simplesmente digo a Nosso Senhor tudo que eu quero, e Ele sempre entende.[2]

Muita gente na Terra está sofrendo, mas mesmo assim não reza, ou talvez não saiba como rezar. Para alguns, a dor é tamanha que eles não conseguem articular uma oração — sentimentos de frustração, raiva, autopiedade, solidão e muitas mágoas e decepções. Muitos não sentem mais nenhuma profundidade ou capacidade real de intimidade em assuntos espirituais ou com outro coração. E assim os anjos escutam não apenas as orações que lhes são claramente dirigidas, mas também as expressões não verbalizadas da alma, pois estas também são uma forma de oração.

Santa Teresa de Lisieux

Nos anos 1500, o frade franciscano Francisco de Osuna escreveu uma série de máximas recomendando o caminho da lembrança como forma de união com Deus. Em poucas palavras, na prática da lembrança a atenção é voltada para a Presença Divina na alma. O *Terceiro alfabeto espiritual de Osuna*, há muito tempo considerado uma obra-prima da literatura mística, oferece máximas para a prática da verdadeira oração interior. Nela, ele explica que quem desejar seguir qualquer exercício espiritual precisa primeiro entender que "a amizade e a comunhão com Deus são possíveis nesta vida de exílio".[3]

Teresa d'Ávila, que usou o *Terceiro alfabeto espiritual de Osuna* como guia para a contemplação, desenvolveu o tema da amizade com Deus por meio da oração. "A oração mental", ela escreveu, "nada mais é do que uma troca íntima entre amigos; implica sempre reservar um tempo para estar a sós com Ele, que sabemos que nos ama".[4] Assim como "laços de família e de amizade se perdem com a falta de comunicação",[5] ela disse, nosso relacionamento com Deus também se perde se não rezarmos.

Nós podemos ajustar a mente e o coração a qualquer coisa. Não somos vítimas de nossas preferências; nós criamos aquilo que preferimos e decidimos o que fazer com o tempo que temos. Pensem em quantas horas perdemos fazendo tantas coisas que não valem a pena — por exemplo, comprando coisas ou procurando entretenimento. Nós celebramos, vamos a festas e comemorações, e isso e aquilo. Horas e horas se passam e não nos incomodamos com isso. Mas quando se trata de se ajoelhar e ou de se sentar para rezar, de quanto tempo dispomos? Quanta paciência temos? E ainda, a qualidade desta experiência determinará para onde nossa alma vai quando o corpo não é mais capaz de abrigá-la. Isto é algo a se pensar.

O filósofo neoplatônico do século III Plotino escreveu: "Temos que ficar surdos para os sons dos sentidos e manter afiada a capacidade da alma de apreender, e prontos para assimilar visões do alto."[6] Para entender estas visões, precisamos nos afastar das pessoas, lugares e circunstâncias que não são propícias a nossa comunhão contínua com Deus.

Monastério de Santa Catarina, Monte Sinai. Muitos místicos buscaram uma vida livre das distrações do mundo para focar sua atenção em Deus.

Há momentos em que simplesmente precisamos ficar sozinhos. A voz de nosso Cristo Pessoal e da Presença do EU SOU são tranquilamente poderosas, enquanto as vozes do mundo são mais barulhentas e ásperas. Então vamos nos perguntar: será que os lugares aonde vamos, as coisas que fazemos e o tipo de programas a que assistimos na TV e de livros que lemos estão realmente nos ajudando a entrar em contato com Deus e a descobrir nosso Eu Verdadeiro? Está na hora de avaliarmos a situação.

Às vezes, até mesmo quando estamos na igreja, as distrações podem representar um desafio. Um incidente na vida de Teresa de Lisieux mostra sua destreza em superar tal distração. Enquanto ela e outras irmãs estavam em meditação no coro, uma das freiras ficava mexendo no rosário com impaciência. O ruído estressava e irritava Teresa de tal maneira que ela começava a transpirar. No final das contas, ela escreveu: "Em vez de tentar não ouvir o ruído, o que seria impossível, eu me dispus a ouvir, mas como se fosse uma agradável melodia, e minha meditação — que não era nenhuma 'oração do silêncio' — tornou-se na oferta desta melodia a Nosso Senhor."[7]

Deus quer tudo de vocês

Os místicos falam da oração como uma experiência profunda. Walter Hilton, místico do século XIV, aconselhou que "devemos sempre procurar com grande empenho alcançar a experiência espiritual de Deus em oração".[8] Reze repetidas vezes até conseguir passar por esta experiência. Uma maneira de fazer isto é pensar naquilo que você mais gosta dentre todas as coisas que faz. Agarre-se a esta sensação, depois transfira este ardor para a oração e veja como sua oração ardorosa lhe favorecerá.

João Clímaco ensinou:

> Alguns emergem da oração como se saíssem de um forno em chamas e como se todas suas impurezas materiais tivessem sido eliminadas. Outros se mostram resplandecentes e envoltos em um manto de alegria e humildade. Mas aqueles que emergem da oração sem sentir nenhum desses efeitos eu diria que rezaram de maneira [...] corporal, e não espiritual.[9]

Em momentos de oração profunda e ao fazer decretos, temos a sublime oportunidade de nos unirmos ao nosso Santo Cristo Pessoal, ou de até vivenciar nossa cristicidade, ao passo que durante os eventos normais do dia a dia já não nos sentimos assim tão plenos. Nós também temos uma oportunidade de aumentar nossa capacidade de liberar o fogo sagrado por meio de nossos centros de energia.

Meu conselho é que vocês dediquem energia e esforços para dotar suas palavras de fogo. Produzam o fogo aqui embaixo, para que seus corpos inteiros possam "se acender" e se tornar a grande conflagração da Presença do EU SOU acima. Sente no banco do motorista e ao mesmo tempo saiba que o condutor de sua vida é seu Santo Cristo Pessoal.

Um dia estaremos sozinhos e frente a frente com nosso Deus, e a única coisa que contará será o fogo sagrado que expressamos. Se for suficiente, seremos aceitos em Deus no ritual da ascensão. Se não for, voltaremos a encarnar até conseguirmos este fogo. Então devemos trabalhar enquanto temos a luz e fazer por onde. Temos de dar o melhor de nosso coração e nossa energia e lutar para alcançar o lugar onde Deus pode nos preencher.

Deem a Deus tudo que vocês tiverem e ele terá algo para usar para esta alquimia. Agitem o céu com suas orações até os anjos chegarem bem perto e todos os filhos da luz sejam finalmente libertados neste planeta. Ofereça suas orações e decretos com plena autoridade em Deus de sua Presença do EU SOU viva.

Angela de Foligno, uma mística franciscana do século XIII, disse que a oração traz iluminação, alegria e amor ardente se nos entregarmos a ela por completo. Ela escreveu:

> A oração exige o homem inteiro e não só parte dele. Ela exige o coração inteiro, e se for dada apenas uma porção, o homem nada consegue [...] Esvazie-se; deixe [Deus] tomar conta de você por inteiro e Ele lhe dará uma luz enorme que lhe capacitará a ver a si mesmo e a Ele.[10]

Por que não basta para Deus darmos apenas parte de nós mesmos? Porque dar só uma parte de nós mesmos a Deus é uma violação do primeiro mandamento: "Não terás outros deuses diante de mim [...] Pois eu, o SENHOR teu Deus, sou um Deus zeloso".[11] Deus quer tudo de vocês porque vocês são ele mesmo, e ele não vai tomar apenas uma parte de vocês.

Isto não quer dizer que, depois de se darem a Deus, nada lhes restará para si mesmos. Pelo contrário, vocês terão mais de si mesmos e de Deus para fazer todas as coisas corretas que quiserem fazer. Este não é um caminho de sofrimento. Este caminho é de alegria, um caminho simplesmente cheio de Deus.

Trocas secretas entre Deus e a alma

Teresa d'Ávila, em sua obra mais conhecida, "O castelo interior", descreve níveis sucessivos de comunhão da alma com Deus. Ela comparou a alma a "um castelo feito inteiramente de diamantes ou cristais muito claros, e no qual há muitos quartos".[12]

Teresa descreveu as sete moradas do castelo e disse que quanto mais a alma se aproxima do centro, mais luz ela recebe. Vocês podem pensar nessas sete moradas como os sete níveis de consciência espiritual associados aos chacras, ou às sete esferas do Grande Corpo Causal. Elas estão representadas na Imagem do Seu Eu Divino (página 47) pelas faixas de cores que cercam a Presença do EU SOU.

Teresa também falou sobre os obstáculos ao progresso da alma, bem como o que cada alma pode vivenciar em cada nível. Algumas almas, ela disse, ficam no quintal externo e nem desejam entrar no castelo. Outras conseguem penetrar até o centro, até a sétima morada "onde fica o próprio Deus". Ela diz que é lá que "ocorrem as secretíssimas trocas entre Deus e a alma", e a alma finalmente se une a seu SENHOR.[13] A visão de Teresa soa semelhante à representação do Grande Corpo Causal na Imagem do Seu Eu Divino, com Deus, a poderosa Presença do EU SOU, no centro.

A porta de entrada para o interior do castelo, Teresa explicou, é a oração e a reflexão, e ela alertou para os perigos da oração mecânica:

> A oração falada [...] deve ser acompanhada da reflexão. Uma oração na qual a pessoa não está atenta a quem se está dirigindo, ao que está pedindo, quem é que está pedindo e a quem, é algo a que não chamo de oração, por mais

que os lábios se movam [...] Qualquer um que tenha o hábito de falar diante da majestade de Deus como se estivesse falando com um escravo [...] dizendo qualquer coisa que lhe venha à cabeça e qualquer coisa que tenha aprendido a dizer, na minha opinião, esta pessoa não estará rezando.[14]

Nós sabemos de todas estas coisas, mas com que frequência pensamos nisso? Orações, mantras, afirmações e decretos não funcionam por si mesmos. Sua eficiência depende de nós, que temos de encher as palavras de luz e lhes dotar de fogo sagrado. É isso que as torna efetivas.

União com Deus por meio da Palavra

Saint Germain fala de ir ao interior do castelo, à câmara secreta do coração. Ele nos ensina a voltar nossa atenção para o coração como forma de fortalecer nosso contato com o Divino:

> Vosso coração é de fato um dos presentes escolhidos de Deus. Dentro dele existe uma câmara central cercada por [...] tanta luz e proteção que a chamamos de "intervalo cósmico". Trata-se de uma câmara separada da Matéria, e nenhuma sondagem jamais poderia descobri-la. Ela ocupa simultaneamente não só a terceira e a quarta dimensões, mas também outras dimensões desconhecidas do homem [...] Ela é, portanto, o ponto de ligação entre o poderoso cordão de luz prateada que desce de vossa Presença Divina para sustentar a batida de vosso coração físico, dando-lhe vida, propósito e integração cósmica.

Eu exorto todos os homens para que valorizem este ponto de contato que eles têm com a Vida, reconhecendo-o conscientemente. Vocês não precisam entender como, onde e o porquê desta atividade por meio de palavras sofisticadas ou postulados científicos. Contentem-se em saber que Deus está lá e que dentro de vocês existe um ponto de contato com o Divino, uma centelha de fogo do coração do Criador [que é] chamada de chama trina da Vida. Lá ela arde como a essência trina e una do amor, da sabedoria e do poder.

Cada reconhecimento diário dado à chama de seu coração ampliará o poder e a iluminação do amor dentro de seu ser. Cada atenção destas produzirá um novo senso de dimensão, se não externamente aparente, pelo menos subconscientemente manifesto nas profundezas de seus pensamentos.

Não negligencie, portanto, seu coração como o altar de Deus. Não o negligencie como o sol de seu ser manifesto. Extraia de Deus o poder do amor e amplifique-o dentro de seu coração. Depois mande-o para o mundo todo como exemplo daquilo que deverá vencer a escuridão do planeta, dizendo:

> *EU SOU a Luz do Coração*
> *Que brilha nas trevas do ser*
> *E tudo transforma*
> *No tesouro dourado*
> *Da Mente de Cristo.*
>
> *O meu Amor eu envio*
> *Para o mundo*
> *Para apagar todos os erros*
> *E todas as barreiras derrubar.*
>
> *EU SOU o poder do Amor infinito,*
> *Que se expande*
> *Até alcançar a vitória,*
> *No mundo que não tem fim!*[15]

Saint Germain é o grande adepto que tornou possível a senda mística para todos que se apresentam. Ele fez isto ao nos ensinar o caminho da devoção por meio da Ciência da Palavra Falada. Quando fazemos a oração "EU SOU a Luz do Coração", nós estamos celebrando Deus onde estamos. No mesmo momento em que recitamos uma oração que nos foi dada por um mestre ascenso, estamos alcançando a união com Deus por meio da Palavra dessa oração. Na verdade, a união com Deus por meio da devoção é o propósito de recitar orações ou entoar mantras.

Notre Dame de Paris. A arquitetura das catedrais góticas foi inspirada na geometria interna da câmara secreta do coração, onde entramos em comunhão com Deus e com nosso Santo Cristo Pessoal.

Caso vocês não estejam familiarizados com o termo *mantra* como eu o uso, um mantra é uma fórmula que Deus nos transmite através do patrocínio de um mestre ascenso. Trata-se de uma oração falada curta que pode ser facilmente memorizada e repetida várias vezes. Cada mantra invoca um aspecto ou qualidade particular da Divindade, intensificando esta ação do Espírito de Deus naquele que faz o mantra. Como Saint Germain nos deu este mantra, temos acesso instantâneo a seu Corpo Causal quando o recitamos com devoção.

Ao fazer o mantra, devemos imaginar que estamos ouvindo a voz de nosso Santo Cristo Pessoal dizendo estas palavras dentro de nós. Fechem os olhos e aceitem a realidade de seu Cristo Pessoal. Sintam os anéis concêntricos deste mantra saindo de vocês rumo à imensidão do cosmos. Tal é o poder do mantra e da Palavra falada.

Comunhão incessante

Os místicos nos ensinaram que a verdadeira oração não ocorre apenas em momentos específicos do dia ou da semana. A verdadeira oração é uma comunhão incessante com Deus, mesmo em plena atividade diária. Como disse Teresa d'Ávila, podemos falar com Deus até sobre as mínimas preocupações de nosso dia. As conversas que temos com ele podem acontecer em qualquer lugar.

Às vezes giramos o botão de nossas mentes para a mente concreta, a mente racional, e deixamos que fique assim o dia inteiro. É preciso prática para girar o botão novamente e nos sintonizarmos com a esfera devocional, a esfera da consciência de Deus, a esfera da consciência de Cristo, com a mesma facilidade com que mudamos a frequência de um rádio ou TV.

É importante não se deixar prender pela consciência do homem racional. Nós somos mais do que homens e mulheres racionais. São João Cassiano, um monge do século V, escreveu: "Por meio de meditação constante nas coisas divinas e por meio da contemplação espiritual [...] a alma é tomada pelo êxtase." Por meio desta prática, disse Cassiano, a alma pode entrar em união tão próxima e contínua com o Senhor que "tudo que respiramos, pensamos e bebemos é Deus".[16] Tentem se colocar no lugar dele. Ele conseguiu escrever estas palavras por ter tido tal experiência.

Este também foi o caminho de Santa Teresa de Lisieux. Certa vez ela disse: "Não acredito já ter passado mais de três minutos sem pensar n'Ele."[17] O irmão Lawrence, um carmelita do século XVIII, escreveu:

> O tempo do trabalho não é diferente para mim do tempo da oração; e em meio ao barulho e algazarra de minha cozinha, enquanto várias pessoas pedem diversas coisas diferentes ao mesmo tempo, tenho Deus com tanta tranquilidade como se estivesse de joelhos perante o abençoado sacramento.

O exemplo do irmão Lawrence nos mostra que, mesmo durante os trabalhos físicos, no ato de equilibrar nosso carma, servir ao próximo e atender ao chamado da vida, é possível manter este estado de receptividade espiritual de comunhão contínua com Deus.

Teresa d'Ávila acreditava que o encontro místico com Deus em nosso trabalho cotidiano não era menos valioso do que as visões e êxtases dos santos. "O Senhor caminha entre panelas e frigideiras", ele disse, "ajudando-nos tanto interior quanto exteriormente".

Em sua Primeira Epístola para os Tessalonicenses, Paulo os exortou a "rezar sem cessar".[20] Para mim, a oração incessante é como estar apaixonado. Quando se está apaixonado, se pensa na pessoa amada o tempo todo. Quando estamos apaixonados por Deus, jamais tiramos nossa atenção dele. Somos consumidos por uma paixão espiritual. Momentos afastados de Deus são uma agonia. Nada mais nos conforta senão seu amor enquanto ele nos reaviva o êxtase ígneo da comunhão franca. O salmista bradou pelo Deus vivo para expressar o sentimento de afastamento de Deus nos momentos em que ele não estava no meio da fornalha ardente do amor divino:

> Assim como o coração suspira pelas correntes de águas, assim suspira minha alma por ti, ó Deus. Minha alma está sedenta por Deus, pelo Deus vivo: quando devo vir e aparecer ante Deus? Minhas lágrimas têm sido minha carne dia e noite, enquanto me dizem continuamente: onde está teu Deus?
>
> Eu direi a Deus, minha rocha: por que te esqueceste de mim? [...] Enquanto meus inimigos me repreendem com uma espada em meus ossos; enquanto me dizem todos os dias "Onde está teu Deus?". Por que estás abatida, ó alma minha? E por que te perturbas dentro de mim? Espera em Deus: pois ainda o louvarei, ele que é a saúde de minha feição e meu Deus.[21]

Orações e meditações

Estabeleçam um ritual diário de oração e comunhão com Deus. Busquem sua orientação e proteção para si mesmos e para todos os seus entes queridos. Vocês podem rezar a sós ou com a família. A manhã é o momento ideal e não precisa durar muito tempo. Se vocês estabelecerem uma conexão com Deus logo ao acordar, acharão muito mais fácil manter a conexão com Ele durante todo o dia, que fluirá melhor.

Como desenvolver a prática da oração interior

É preciso uma mente forte para manter uma comunhão constante com Deus, seja em uma oração silenciosa ou não. Uma forma de desenvolver esta prática é escolher uma curta oração devocional e decorá-la. Repitam-na várias vezes no começo e construam um *momentum* ao fazer esta oração com mais frequência e mais repetições. Continuem a repeti-la mentalmente até que isto se torne hábito e a oração comece a se repetir sozinha do fundo de sua mente.

Quando disciplinamos a mente por meio da prática devocional, acabamos descobrindo, assim como os místicos descobriram, que à medida que seguimos com as atividades cotidianas, nossa alma viaja pelo Mundo interno através da mente e do coração enquanto repetimos. Permitam que esta Palavra interna lhes leve à chama trina dentro da câmara secreta de seu coração.

Um mantra fácil que pode ser usado para estabelecer a comunhão com Deus é o refrão da oração devocional "Ama-me":

> *Como uma rosa a desabrochar*
> *Espalha sua fragrância pelo ar.*
> *A Deus ofereço minha devoção,*
> *Com o oceano cósmico em união.*

Ama-me

Visualizem uma rosa se abrindo em seus corações como a Rosa de Sharon, inundando-os com o esplendor do Senhor Jesus Cristo e lhes atraindo de Seu Corpo Causal qualquer coisa que vocês precisem no momento.

Amada poderosa Presença do EU SOU e amado Santo Cristo Pessoal, pelo poder magnético da imortal e triunfante chama trina e da chama de adoração que arde no meu coração, eu decreto:

1. Desejo ser preenchido
   com o amor de Deus;
   Peço para ser nutrido
   Pelo amor de Deus;
   Toda a graça quero ter
   Do coração de Deus;
   Sua face quero ver
   Pelo amor de Deus.

Refrão:
   Como uma rosa a desabrochar
   Espalha sua fragrância pelo ar,
   A Deus ofereço minha devoção
   Com o oceano cósmico em união.

2. Moldado me quero ver
   pelo Amor Divino,
   Meu Cristo, desejo ser
   Todo, todo Teu.
   Estou em paz no Teu Amor,
   À vontade com Deus, a Seu dispor.
   Estou unido a toda a humanidade—
   O Amor dá a Seus filhos unidade.
   EU SOU uma Alma vivente e desperta,
   Junto aos anjos, ao homem, tendo Deus como meta.

3. *No grande amor de Deus fui-me prender,*
   Em seus braços fortes, no seu Poder;
   Acalentado pelo Céu agora
   Sou sempre protegido a cada hora.
   Iluminado e ditoso EU SOU,
   De sucesso Divino estou repleto,
   Pois o amor da justiça EU SOU.
   Eu Te amo, eu Te amo, eu Te amo,
   Minha brilhante Presença Divina;
   Me ama, Me ama, Me ama,
   Pelo Teu poder me protege e conduz.
   Permanece sempre em mim,
   Até que eu me torne a Tua Luz!

PARTE DOIS

A Senda Trina: Purgação / Iluminação / União

Purgação

CAPÍTULO 5

Forjando a cristicidade

"Quem é Deus? Quem sou eu? E como podemos nos unir através do amor?" A necessidade ardente que os místicos sentiam de conseguir respostas para essas perguntas e alcançar seu objetivo final — a união com Deus — os levou a trilhar uma senda trina de purgação, iluminação e união.

São Boaventura, teólogo do século XIII e discípulo de São Francisco, explicou que no estágio purgativo o pecado é expelido, no estágio iluminativo a alma aprende a imitar o Cristo, e no unitivo a alma está se unindo a Deus dia após dia. Boaventura disse que no estágio purgativo o homem começa a entender a si mesmo; no iluminativo, ele começa a entender Deus; e no unitivo, ele se esforça para se unir a Ele. Alguns escritores consideram estes estágios um caminho gradual, no qual cada estágio conduz ao seguinte. Outros acreditam que os estágios se dão simultaneamente e que nem todo místico experimenta todos eles.

A palavra *purgação* se refere ao processo pelo qual a alma é purificada e limpa, purgada de tudo que é contrário a Deus. Neste estágio, o místico procura purgar a alma de tudo que o separa de Deus. A purgação vem para a alma apenas depois que ela vivencia o despertar em Deus. Este despertar traz alegria à alma. Mas quando a luz e o amor de Deus subitamente adentram o mundo do místico, ele se torna incisivamente ciente de suas próprias faltas e fraquezas. Ele vê suas imperfeições contra o fundo da perfeição de Deus. Mais importante de tudo, ele vê que suas imperfeições, ou pecados, são o que o separam de Deus e que ele não pode mais tolerar o abismo.

No âmago do misticismo está o amor

Começaremos nossa exploração deste conceito com o místico e doutor da igreja do século XVI, São João da Cruz. Para alcançar este título, o servo de Deus precisa mostrar alto nível de santidade e aprendizado eminente, e deve ser proclamado doutor pelo conselho ecumênico ou pelo papa. São João era um profundo contemplador, mestre em teologia e também poeta, além de ocupado reformador e administrador. Apesar dos caros e severos julgamentos, sua vida foi de completa dedicação e profunda paz interna e felicidade.

A partir de sua intensa experiência, São João reuniu material para reflexão e para construção definitiva de seu ensinamento místico. Ele viveu como exemplo de tudo que ensinou como sendo o caminho místico: "Perfeita união com Deus através do amor."[1] Apesar de seus escritos serem extensos, sua doutrina mística pode ser exposta em poucas palavras:

> O homem pode abrir espaço para Deus ao varrer para longe todas as manchas e sujeiras das criaturas, ao unir perfeitamente sua vontade à de Deus; pois amar é trabalhar para se despojar e se desprover para Deus de tudo o que não for Deus. Quando isto for feito, a alma será iluminada e transformada em Deus. E Ele então comunicará Seu ser sobrenatural à alma, de tal forma que ela parecerá ser Deus, e possuirá tudo o que Deus possui.
>
> A estrada que leva a Deus não implica num sem-fim de considerações, métodos, modos e experiências — apesar destas coisas serem, de certa forma, requisitos para os iniciantes — mas exige apenas uma coisa: a verdadeira negação do ego, tanto exterior quanto interior, por meio da renúncia ao eu.[2]

Com estas palavras São João está confirmando que Deus está dentro do eu, que Deus é o Eu, e que o puro amor é aquele que se dispõe a ser despido de tudo o que seja menos que Deus. Quantos de nós podem contemplar esta meta e apreciar o que ela requer e os sacrifícios de cada dia?

No âmago do misticismo está o amor — de fato, não pode haver misticismo sem amor. E o amor, pelo menos no plano da Matéria, inclui em si sofrimento. Este é um dos fatos muito cuidadosos da existência do amor: se não estivermos dispostos a sofrer, não estaremos dispostos a amar. A perfuração da alma e a perfuração do coração pelo sofrimento faz parte do mistério do amor.

Quando assumimos o amor de Deus e o amor dentro de nossos corações, ele se torna um fogo ardente que transmuta. Ele se torna um vórtex tão intenso que forma um redemoinho como o fogo rodopiante que Ezequiel observou.[3] Agora esse turbilhão de energia girando em seu centro magnetiza tudo em torno de si para a chama e ganha intensidade, como um redemoinho, quase como um tornado. Quando invocamos uma luz intensa de qualquer virtude de Deus, esta luz também atrairá para si energias diametralmente opostas a ela.

E por quê? Porque a essência de toda criação é Deus, é fogo, é fogo sagrado, e este núcleo de fogo branco jamais pode ser afetado. O que é desqualificado é a energia nas esferas ao redor do núcleo, mas o âmago, ou cerne, é um campo de energia do Espírito na matéria. Esta energia é Deus e permanece Deus, mas está aprisionada nas matrizes de imperfeição onde a encerramos.

Amor verdadeiro significa que amamos suficientemente a luz de Deus que está no núcleo para estarmos dispostos a nos misturar com ela e a transmutar as energias mal qualificadas a seu redor. Este é o significado de Deus crucificado na matéria. A energia de Deus está aprisionada em um molde de limitação formado por nosso preconceito, orgulho, inveja, egoísmo etc. Temos a capacidade de sobrepor esse molde, ou véu de energia, sobre o núcleo, porque temos livre-arbítrio e por isso somos cocriadores nos planos da Matéria.

Desta forma, a alma que verdadeiramente ama Deus opta por libertar esta energia mal qualificada. E é isto que fazemos com os decretos da chama violeta, orações e invocações. Quando invocamos o fogo sagrado, temos dois fatores de magnetização. Primeiro, magnetizamos uma tremenda energia de fogo sagrado de Deus; e, segundo, ao mesmo tempo, espera-se que mantenhamos e que concentremos esta energia para "consumir" as trevas que criamos ao transmutar estas energias em luz.

Há muitas almas que encontram os ensinamentos dos mestres ascensos ou da senda da santidade, e seu primeiro contato, após muitos anos de busca, é de grande alegria e felicidade. Como se encontrassem uma cachoeira de água cristalina nas montanhas, eles dançam e brincam nas águas frias e claras. Mas, depois que começam a construir o *momentum* de fogo sagrado, se dão conta de que ele traz consigo uma grande responsabilidade.

Para a santa do século XV Catarina de Gênova, o despertar de Deus se deu após anos de solidão e depressão em um casamento infeliz. Seu biógrafo relata que Catarina havia ido se confessar com relutância, cedendo à pressão da irmã quando "de repente, ao se ajoelhar perante o padre, ela recebeu em seu coração o ferimento do desmedido Amor de Deus". Imagine esta transferência de amor com tamanha vibração e intensidade que parece uma perfuração, como se a pessoa tivesse sido ferida. Catarina teve uma visão tão clara de seu tormento, de seus erros e da bondade de Deus, que quase caiu no chão. E devido a estas sensações de amor infinito, bem como das ofensas que ela cometera contra o Deus mais amoroso, ela acabou se atraindo tanto pela necessidade de purificar sua afeição das coisas pobres deste mundo que quase entrou em delírio, e por isto ela clamou internamente com amor ardente: "Chega do mundo! Chega de pecado!"

Ela voltou para casa, acesa e profundamente ferida com o profundo amor de Deus [...] ela parecia fora de si [...] Seu ódio por si mesma era maior do que ela era capaz de aguentar.[4]

Nos quatro anos seguintes a esta experiência, Catarina trilhou a estrada da purgação.

Como conquistar o eu inferior

Catarina de Gênova e outros místicos descreveram o processo pelo qual a alma supera seus impedimentos e se reúne a Deus como um purgatório, de ter de ficar em certo nível para ser purgada da substância deste nível. "Quando a alma segue para o primeiro estado [o estado prístino de sua criação]", ela disse, "seu ardor em se transformar em Deus é seu purgatório".[5]

Estas palavras não são exagero. Encarar e conquistar de verdade o eu inferior é uma tarefa árdua. Não devemos subestimar o desafio. Devemos saber no que estamos nos metendo quando queremos retornar a Deus nesta vida. Era isto que o apóstolo Paulo queria dizer com "eu morro todos os dias".[6] Paulo viu uma parte de si morrendo todo dia, e ele era muito apegado a algumas dessas partes. Algumas delas ele não queria necessariamente que morressem. Mas à medida que Cristo se formava nele, o que não era o Cristo nele tinha de morrer.

Catarina de Gênova explicou que o que morre diariamente não é a alma, mas sim porções do eu inferior. Ela escreveu:

> Eu vejo relâmpagos se lançando deste amor divino para a criatura, tão intensos e flamejantes como se fossem aniquilar não o corpo apenas, mas, quando possível, a alma.
>
> Esses raios purificam e depois aniquilam [o que for impuro]. A alma passa a ser como o ouro que se torna mais puro à medida que é fundido e perde toda a escória [...] O que é destruído e eliminado não é a alma, uma com Deus, mas o eu inferior [...] Uma vez eliminadas todas as suas imperfeições, a alma repousa em Deus.[7]

O escritor Serge Hughes observa que Catarina de Gênova "inegavelmente pertence à grande e quase universal tradição de escritores espirituais que [...] veem [a vida espiritual] como um caminho ou um processo. Ela está empenhada em uma jornada, uma luta contínua por perfeição, ou, para usar sua analogia favorita, uma batalha sem fim entre o falso eu e o eu verdadeiro".[8]

"Todo dia", disse Catarina, "eu sinto que partículas têm sido removidas, expulsas por este Puro Amor [...] Deus não cessa de removê-las o tempo todo".⁹

Catarina viu os raios de amor descendo de sua poderosa Presença do EU SOU, entrando e purgando-a. Ela sentiu as partículas sendo removidas pelo amor de Deus. Tudo isto ela viveu. O processo purgativo é como os sete dias da Criação, repousando no sétimo dia. É nossa recriação à imagem e semelhança de Cristo. Porque no passado criamos sem sabedoria, de modo incorreto, ignorante, e precisamos primeiro desfazer a criação para depois voltar a criar. Quando o processo se completa, nossa alma repousa em Deus.

Quando nos rendemos a Deus e nos damos a ele para que se dê este processo, sua posição é: "Termine com isso o mais rápido possível. Quero que você volte para seu lar, que é meu coração. Quero lhe dar tudo de mim. Sou seu Amante divino. Sou seu Esposo, seu Noivo. Volte para casa, para mim." Deus sabe que sofremos neste processo. Portanto, se nos dermos a ele por inteiro, ele acelerará o processo, de modo que possamos passar da dor à glória.

Testes, tribulações e tentações

Durante o processo de purgação, a alma enfrenta testes, tribulações e tentações que se apresentam de várias maneiras. É no cadinho da prova que se forjam as virtudes da cristicidade. Não há outra forma de forjar sua cristicidade senão pelo cadinho da prova.

Alguns místicos passaram pela experiência dos fogos da purgação por meio da censura de seus superiores religiosos. Meister Eckhart, Mechtild de Magdeburg, Jacob Boheme, João da Cruz, Teresa d'Ávila e Simeão, o Novo Teólogo, tiveram todos, em algum momento de suas vidas, suas crenças questionadas, ou foram censurados por conta de seus ensinamentos. Alguns foram perseguidos e presos. Isto porque estavam tão perto de Deus que estavam se tornando um com Ele — e ousavam afirmar isto.

A despeito de haver razões e motivos externos por detrás das privações, mal-entendidos, prisões e perseguições dos místicos, seu sofrimento serviu como parte do arranjo do drama que desempenharam, parte do palco que o Grande Dramaturgo arrumou para que se libertassem de seus apegos.

Na subida de nossas almas rumo à perfeição, passaremos pelo labirinto do carma, encarando nossa criação humana que, às vezes, parece quase obliterar a luz do Cristo e a luz da Presença. Caminhamos como se às cegas, tateando. Não podemos ver. Seguimos tateando apenas pela fé, acreditando que se formos perseverantes, acabaremos chegando.

Orações e meditações

Decretos dinâmicos para acessar a luz de Deus

As orações nesta seção devem ser ditas em voz alta. São decretos dinâmicos, o método mais poderoso de acessar a luz de Deus. Quando decretamos, não estamos apenas entrando em comunhão e pedindo ajuda a Deus — estamos, na prática, comandando o fluxo de energia do Espírito para a matéria. Em todas as formas de oração, a devoção é a chave para acessar o poder espiritual que pode mudar nosso mundo e o mundo ao redor.

Os decretos podem ser considerados cartas espirituais. A maioria dos decretos se compõe de saudação, ou preâmbulo; corpo; e selamento. Começamos nomeando nossa Presença do EU SOU e o nosso Santo Cristo Pessoal de modo a estabelecer a conexão com todo nosso potencial divino. Santos, mestres e anjos mencionados no preâmbulo ajudam a realizar o que pedimos, quando o pedido está de acordo com a vontade de Deus. Quando começamos uma sessão de decretos, podemos usar o seguinte preâmbulo, ou criar o próprio:

> *Em nome da minha Presença do EU SOU e do meu Santo Cristo Pessoal, invoco as hostes celestiais para que direcionem a luz, a energia e a consciência de Deus para abençoar toda a vida. Peço a minha Presença do EU SOU que ajuste meus pedidos de acordo com o que for melhor para a minha alma e para as almas daqueles para quem estou rezando.*

O corpo do decreto contém nosso comando para que uma ação de luz específica se manifeste no mundo. Trata-se de um pedido de ajuda a nosso Cristo Pessoal e aos grandes seres celestiais. O corpo do decreto pode ser repetido quantas vezes se deseje para concentrar mais luz em nosso pedido e, assim, aumentar seu efeito.

O selamento do decreto protege a ação de precipitação, fazendo com que a luz desça à matéria de modo tangível, de acordo com a vontade de Deus. Muitos decretos usam um encerramento formal, como o seguinte:

E com toda a Fé eu aceito conscientemente que isto se manifeste, que se manifeste, que se manifeste! (3x) Aqui e agora com pleno Poder, eternamente mantido, onipotentemente ativo, em contínua expansão e abrangendo o mundo inteiro, até que todos tenham ascendido totalmente na Luz e sejam livres! Amado EU SOU! Amado EU SOU! Amado EU SOU!

Decreto do Fogo Violeta e do Tubo de Luz

Vocês agora estão prontos para invocar de forma dinâmica o "Decreto do Fogo Violeta e do Tubo de Luz." O tubo de luz constrói uma base de energia espiritual. Por estabelecer uma poderosa conexão com Deus, este decreto costuma ser usado no começo de uma sessão de orações e decretos.

Ele é completo, com seu preâmbulo e selamento. Em homenagem à Presença Interna e para visualizar melhor a luz que está sendo invocada, o costume é ficar de pé ao fazer este decreto.

Visualize-se de pé dentro de um tubo de luz de três metros de diâmetro descendo do coração da sua Presença Divina. (Ver página 47 para uma imagem da alma dentro do tubo de luz.) Faça o decreto com profundo amor por Deus e confiança de que ele ouve suas orações e as responde.

"Ó minha Presença do EU SOU, tão constante e cheia de amor! Tu que és a Luz de Deus no alto, cujo resplendor forma um círculo de fogo diante de mim para iluminar o meu caminho;

Fielmente apelo para Ti, para que coloques agora mesmo em redor de mim, um grande pilar de Luz da minha divina e poderosa Presença do EU SOU! Mantém-no intacto a cada instante, manifestando-se como uma cascata resplandecente da maravilhosa Luz de Deus, que nenhum elemento da natureza humana pode penetrar. Faz subir por este maravilhoso círculo elétrico de energia divina uma onda de fogo violeta da chama transmutadora da Liberdade!

Que a sua energia, em contínua expansão e projetada para baixo, para o campo de força das minhas energias humanas, transforme completamente qualquer condição negativa na polaridade positiva do meu Grande Eu Divino! Que a magia da sua misericórdia purifique tão profundamente o meu mundo pela Luz, que todos aqueles que eu contatar sejam abençoados com a fragrância de violetas do coração de Deus, em memória do dia abençoado que começa a aparecer, em que toda a discórdia — causa, efeito, registro e lembrança — será transformada para sempre na Vitória da Luz e na paz do ascenso Jesus Cristo.

Eu aceito agora conscientemente o pleno poder e manifestação deste fiat de Luz, e decreto que entre instantaneamente em ação através do livre-arbítrio que Deus me concedeu e do poder de acelerar sem limites esta sagrada ajuda vinda do coração do próprio Deus, até todos os homens ascenderem e serem livres na Luz que nunca, nunca, nunca falha!"

Presença do EU SOU, Tu És Mestre

Este decreto dinâmico é especialmente útil para proteção. Peça à sua Presença do EU SOU proteção para si mesmo, para sua família e outras pessoas. A repetição cria um *momentum*, tornando seus decretos mais eficazes — portanto, tente fazer este decreto nove vezes todas as manhãs. Quando fazemos isto, podemos sentir que nos unimos à nossa Presença do EU SOU.

Veja a luz da sua Presença Divina descendo à sua forma e transformando-a na imagem de Deus. Imagine o relâmpago azul, que representa a proteção, relampejando da sua Presença do EU SOU. Este relâmpago azul é uma forma intensa de energia espiritual que dissolve imediatamente a energia negativa.

Presença do EU SOU, Tu és Mestre!
No meu caminho resplandece!
Que Tua Luz e todo o Teu poder

Venham aqui se estabelecer!
Inunda-me com a mestria da Vitória,
Que brilhe o clarão azul,
Tua essência fulgurante!
Nesta forma vem descer,
Para que a Perfeição e a sua Glória
Possam a Terra transcender.

Eu agradeço e aceito que isto seja feito agora, com pleno poder, de acordo com a vontade de Deus. Amém.

CAPÍTULO 6

A noite escura dos sentidos

Alguns místicos descreveram um determinado elemento do processo purgativo como uma "noite escura". São João da Cruz disse que há duas noites escuras: a noite escura dos sentidos e a noite escura do Espírito. A dos sentidos ocorre durante o estágio de purgação e como transição rumo ao estágio iluminativo. A do Espírito se dá antes da união final da alma com o Cristo, no casamento espiritual. Abordarei a noite escura do Espírito mais tarde, no contexto do noivado espiritual.

O escritor E.W. Trueman Dicken escreveu: "Noite é simplesmente o termo do santo para 'privação', erradicação de apego a tudo que não é Deus, e é através desta privação cada vez mais completa que a alma é finalmente esvaziada de tudo que possa preenchê-la que não seja Deus."[1]

São João chamava esta jornada rumo à união com Deus de noite porque em seu começo "o indivíduo precisa se despojar do apetite por posses mundanas. Esta negação e autoprivação é como uma noite para todos os seus sentidos".[2]

O indivíduo não extrai mais alegria nem satisfação por meio dos sentidos, apesar de se lembrar de como era quando as coisas do mundo lhe davam alegria. Nesta noite, a alma é

São João da Cruz

empurrada para dentro, para vivenciar Deus sem a percepção dos sentidos.

"O meio ou a estrada que a pessoa toma para chegar a esta união", disse São João, "é a fé e, para o intelecto, a fé é também como uma noite escura".[3] O intelecto está sempre exigindo razões e fazendo perguntas, sempre curioso, sempre entalhando as coisas à faca, para esmiuçar cada detalhe deste mundo. Mas a caminhada rumo a Deus é pela fé. Ela não tem explicação a não ser a alma dentro de si, ansiosa pela união com o Grande Amante.

A razão final de chamar a jornada rumo à união com Deus de uma noite é que "o ponto de chegada, ou seja, Deus", disse São João, "é sempre uma noite escura para o homem nesta vida".[4]

Às vezes, durante nossa jornada de retorno a Deus, alcançamos estados muito elevados de consciência divina, e podemos sair desse estado momentaneamente sem saber quem somos ou onde estamos. Quando isto ocorre, é porque não há coordenadas no tempo e no espaço onde possamos referir nossa união com Deus. Nós vivenciamos a presença dos seres celestiais, sentimos sua irradiação e talvez fiquemos horas a fio nesse estado de arrebatamento, mas depois acaba. E assim, estar arrebatado agora e, de repente, voltar para o mundo é feito uma noite escura, pois não há ponto de referência.

Uma das primeiras experiências que tive da infinidade de Deus e do ego que acaba sendo engolido por esta infinidade foi a seguinte: eu me vi em uma esfera onde subitamente enxerguei a mim mesma e vivenciei algo como se estivesse ultrapassando o nível das nuvens, como acontece quando voamos de avião. E depois tudo virou paz e tranquilidade, a tranquilidade de uma imensidão. As nuvens continuavam pela infinidade e não havia mais ninguém lá, ninguém mesmo. Era um cosmos inteiro, simplesmente uma imensidão. Para adentrar essa vastidão, eu tive de ir sozinha. Então, entrar nela foi quase como uma noite, pois foi a total quietude de toda existência como eu a conhecera até então. Não havia ninguém e nem nada com quem me relacionar senão a pura imensidão.

Em momentos assim, vem à alma o seguinte pensamento: "Devo bater em retirada?" Trata-se de um momento de decisão. "Devo voltar? Ou devo prosseguir? Devo continuar nessa senda inexplorada?" Pois é isto que ela é: inexplorada. Apesar de podermos ler o que os santos escreveram, quando nós mesmos temos a experiência, sentimos que não há ninguém lá.

Como aumentar a ligação com Deus

Dicken escreveu: "É através desta privação cada vez maior que a alma finalmente se esvazia de tudo que exclui a Deus."[5] A maioria das pessoas nunca teve a experiência de ser totalmente preenchida por Deus, de forma que trocar o conhecido pelo desconhecido nunca é fácil. Estar totalmente preenchido por Deus não implica em viver enclausurado. É um desafio muito maior estar no mundo sem ser dele, estar preenchido por Deus e ser um dos pontos radiantes de luz como mensageiros saídos do coração de Cristo.

Quando estamos preenchidos por Deus como amor divino, o Senhor nos dá tudo que precisamos dentro da lei e tudo que queremos dentro da lei. Eu os exorto a considerar que suas vidas serão muito mais felizes quando não houver espaço para mais nada em vocês que não seja Deus. Porque Ele é tudo. Deus é tudo que é real. Tudo que podemos querer Ele nos trará. Como disse Mary Baker Eddy, fundadora da Ciência Cristã: "O Amor Divino sempre atende e sempre atenderá todas as necessidades humanas."[6]

Durante a noite escura dos sentidos, o místico se disciplina para dominar desejos desordenados — desejos que não conduzem à sua união com Deus. Como podemos saber quando um desejo é desordenado? É aquele desejo que nos escraviza, ao qual retornamos sempre, do qual não conseguimos nos libertar, um desejo no qual você não é um mestre nem de si mesmo e nem do desejo. Como alertou São João da Cruz, "para possuir tudo, deseje não possuir nada".[7] Isto é, se quisermos possuir tudo de Deus, *se realmente quisermos isto*, devemos não desejar possuir nada e Deus nos dará seu Tudo.

Isto não significa que não podemos amar uns aos outros. Significa que, em vez de um amor possessivo, nosso amor uns pelos outros se torna um intenso amor pelo Deus uns nos outros. Os místicos reconheceram que uma das leis básicas do progresso espiritual diz que à medida que a alma vai se desligando das coisas do mundo, vai se ligando cada vez mais a Deus.

Eu descobri que Deus usa uma forma muito interessante de nos afastar deste mundo: Ele deixa que nos persigam bastante. Isto foi verdade nas vidas de muitos místicos. Quando passamos por perseguições e vemos do que o mundo é capaz, de alguma forma perdemos um pouco o gosto pelo mundo e desejamos então aprofundar nossa união com Deus.

Para nos fazer voltar para o Lar mais rápido, acho que Deus nos dá um encorajamento ao permitir que passemos por poucas e boas. Ele permite que perseguições a nós sejam formas de suportar e de equilibrar carma. No meio da adversidade temos um tremendo senso de comensuração entre o eu que é Deus aqui e o Eu que é infinito e maior do que as mesquinharia do planeta.

A imitação de Cristo

São João da Cruz descreveu formas de ajudar os discípulos a passar pela noite escura dos sentidos. Ele disse que bastam apenas dois passos para a alma poder conquistar todos os desejos que a separam de Deus. Primeiro, o místico deve ter um "desejo habitual de imitar Cristo em tudo que faz". Ele deve meditar sobre a vida de Cristo "para que saiba como [...] se comportar em todas as situações como Cristo se comportaria".[8]

O próprio Jesus nos deu a tarefa de sermos imitadores de sua obra: "Em verdade, em verdade vos digo, que aquele que crê em mim também fará as obras que eu faço. E as fará maiores do que estas, porque eu vou para o Pai."[9] Se Jesus nos atribui esta tarefa, então ele deve saber que Deus colocou em nós os recursos para realizá-la.

O Santo Cristo Pessoal, detalhe, Imagem do Seu Eu Divino

E para este fim podemos nos perguntar: "O que Jesus faria?" Na verdade, o que Jesus faria não é algo óbvio ou automático. Jesus nunca se acovardou ao enfrentar o mal, fosse o mal encarnado ou o mal impessoal. Ele jamais fugiu do mal, nem cedeu a ele. Assim, para saber o que Jesus faria, leia os Evangelhos várias vezes porque verão que Jesus deu respostas diferentes a diferentes tipos de pessoas. E leiam também os Evangelhos gnósticos e, se quiserem, escutem minhas palestras sobre o gnosticismo, pois os Evangelhos gnósticos mostram uma face diferente de Jesus do que a que vemos nos quatro Evangelhos.

Outra fonte importante é *A imitação de Cristo*, de Thomas de Kempis, um místico do século XV. Esse é um dos mais famosos livros cristãos sobre devoção, e explica como obter as virtudes de Cristo e demonstrá-las em nossas vidas.

Em suma, para dominar os princípios básicos da vida ensinados por Jesus, devemos aprender tudo que pudermos sobre o que Ele fez na vida. Meditem sobre a forma como Ele fez e por que fez o que fez, e então decidam o que farão numa situação semelhante. É assim que aprendemos a imitar Cristo, o que São João da Cruz dizia ser o primeiro passo para atravessar a noite escura dos sentidos.

O segundo passo de João é o seguinte: "Deve-se renunciar e rejeitar completamente todo e qualquer prazer que se apresente aos sentidos que não for puramente para a honra e glória de Deus, pelo amor de Jesus Cristo, que não teve e nem desejou prazer nenhum na vida senão realizar a vontade do Seu Pai."[10]

João não está tentando criar vergonha ou culpa, ou controlar alguém. Ele está simplesmente expressando os fatos da lei da senda da união com Deus. Ele explica que "os apetites sugam a força necessária para perseverar na prática da virtude. Quando a força do desejo é dividida, ela fica mais fraca do que se tivesse sido fixada em um só objetivo".[11] Uma meta que estabeleci para mim mesma é não fazer nada ao longo do dia que não possa dedicar à glória de Deus. Vocês podem fazer o mesmo.

A senda da imitação de Cristo é a senda dos místicos cristãos. Disse Jesus: "Se alguém quer vir após mim, negue-se a si mesmo, tome cada dia a sua cruz e siga-me."[12] Negar a nós mesmos significa negar o eu inferior, a mente carnal. Aceitar nossa cruz diária significa aceitar a cruz do nosso carma. Eu aconselho os indivíduos a não deixar o sol se pôr, não deitar a cabeça no travesseiro sem lidar com o carma que desceu naquele dia, recebendo aquele carma com a chama violeta e o serviço, com amor e toda resposta positiva.

Aceitar a nossa cruz diária também significa aceitar a cruz do nosso plano divino, que é nossa obrigação de ser quem realmente somos ao seguir os passos de Jesus na senda da cristicidade. Disse Jesus: "Qualquer que quiser salvar a sua vida, perdê-la-á; mas qualquer que, por minha causa, perder a sua vida, esse a salvará."[13]

Aqueles que simbolicamente perdem suas vidas por Jesus nesta encarnação, voltam a encontrá-la nesta encarnação. Eles a encontram pela luz maior que entra nos seus templos e pelo Santo Cristo Pessoal que desce sobre eles. Perder a vida não significa necessariamente morrer, apesar de que aqueles que morrem no Senhor certamente encontram a vida novamente no Senhor, seja na Terra ou no Céu. Mas nesta vida nós abrimos mão de muitas coisas para seguir os passos de Jesus, e ao fazê-lo, encontramos a verdadeira vida.

Paulo disse: "Levai os fardos uns dos outros, e assim cumprireis a lei de Cristo."[14] Quando nos perdemos servindo aos outros, descobrimos que, ao nutrirmos os fogos da divindade neles, a vida como Deus individualizado no Espírito também melhora. Pensem na sensação gloriosa que é concluir o dia sabendo que a nossa comunhão com outra alma ajudou-a a mudar o seu caminho e voltar para Deus.

Como encontrar a resolução interna

São Felipe Neri escreveu: "Nada mais glorioso pode ocorrer a um cristão do que sofrer por Cristo."[15] Talvez nos perguntemos: "Como sofrer pode ser glorioso?" Quando entendemos que sofrer por Cristo significa suportar o nosso próprio carma para que ele não tenha de fazê-lo por nós, começamos a ver o sofrimento de uma forma diferente.

Quando nos recusamos a suportar e a equilibrar o nosso carma, estamos na verdade exigindo que Jesus o suporte por nós. A verdade é que a crucificação de um Filho de Deus há 2 mil anos não nos livra da responsabilidade por nossas desobediências às leis de Deus. Jesus Cristo viveu para que possamos aprender a lição de pagar pelo nosso pecado através do uso do fogo sagrado do Espírito Santo e pela responsabilidade pessoal. Assim somos salvos, não no sentido de termos o carma absolvido, mas no sentido de termos sido aceitos por Jesus, de termos sido apoiados por ele. Jesus passa pela expiação do nosso carma ao mesmo

A SENDA TRINA: PURGAÇÃO / ILUMINAÇÃO / UNIÃO

tempo que temos de transmutar este carma, cumprindo a Lei tim-tim por tim-tim.

O apóstolo Paulo afirmou a lei do carma ao dizer: "Mas prove cada um a sua própria obra. Então terá motivo de glória só em si mesmo, e não em outrem, pois cada qual levará o seu próprio fardo."[16] Assim, se estamos com raiva ou mal-humorados, a responsabilidade por este ato não é do Salvador crucificado. Como foi escolha que fizemos com o nosso livre-arbítrio, sofreremos as consequências. O Cristo em nós pode nos livrar quando mudamos de atitude e invocamos o fogo sagrado do Espírito Santo para abençoar a parte da vida que magoamos.

Portanto, minha resposta para a pergunta "Como sofrer pode ser glorioso?" é: equilibrar nosso carma e pagar as dívidas que temos com Deus e com toda parte da vida que é Deus, uma por uma, é uma coisa gloriosa! Porque nenhum de nós é verdadeiramente feliz lá no fundo, e nem as nossas almas podem ser verdadeiramente felizes até que tenhamos corrigido todos os erros cometidos contra qualquer parte da vida que é Deus — desde o início dos tempos e a nossa primeira encarnação. Precisamos quitar essas dívidas.

Dívidas cármicas pendentes podem nos pesar e nos deixar deprimidos. Elas são uma das causas dos problemas psicológicos. O sentido original da palavra *psicologia* é "estudo da alma". Começar a lidar com a nossa psicologia e buscar resolução no relacionamento com a nossa criança interior faz parte do processo da alma de alcançar a união com Deus. Portanto, não vamos nos alienar das dores que sentimos, dos nossos desconfortos, problemas psicológicos e fardos. Não vamos tentar evitar lidar com eles nem achar que podemos simplesmente afastá-los se fizermos bastante chama violeta.

A chama violeta é um solvente milagroso que pode consumir muitos registros dolorosos. Mas na senda da mestria também precisamos resolver a nossa psicologia, e às vezes precisamos de ajuda para resolver certas questões. Portanto, vamos permitir que elas venham à tona, para que possamos vê-las, estudá-las, rezar e implorar para que Deus as cure. Vamos nos aprofundar além da nossa forma externa. Podemos chegar ao nosso coração e à nossa alma sem medo de perder a identidade se nos abrirmos e permitirmos que o Espírito Santo venha e nos mostre o problema. Deus ama cada um de nós intensamente, e no momento em que quisermos realmente fazer isso, o universo inteiro virá nos ajudar.

Corrigir um erro conduz à união

Precisamos também examinar a nossa cabeça e o nosso coração e o nosso corpo de desejo. Isto porque, às vezes, apesar de talvez não sabermos, certo nível do nosso ser simplesmente se recusa a aceitar a responsabilidade pelo carma. Um exemplo disso é o enorme número de processos hoje em dia nos quais as pessoas tentam tirar dinheiro das outras por terem caído no seu quintal ou coisa do tipo. Esse tipo de coisa não existia antes do século XX, e eles estão aumentando.

As pessoas querem que alguém assuma a responsabilidade pelos seus infortúnios porque no Ocidente não se ensina a lei do carma. É também por isso que algumas nações do Ocidente adotaram o socialismo — o pensamento de que o governo tem de pagar a conta por tudo o que acontece ao indivíduo. Bem, transferir a responsabilidade para outro só faz protelar o dia em que o indivíduo terá de enfrentar o seu carma pessoal.

Quando nós, como indivíduos e nações, nos recusamos a sofrer as consequências pelas nossas palavras e ações, isto se torna uma gigantesca rebelião de orgulho contra as leis de Deus, o que impede que nos reunamos a Ele. Pode-se acabar entrando em uma consciência nacional, local ou pessoal na qual não vemos o que se abate sobre nós nem o que fazemos como a nossa responsabilidade pessoal.

Os santos e adeptos que se submetem voluntariamente ao que vemos como extremos tormentos, aflições autoinfligidas ou doenças severas estavam equilibrando o seu carma pessoal (talvez do único jeito que soubessem) para alcançar o realinhamento das suas almas com Deus. Às vezes, por meio de intenso sofrimento físico e emocional, estes santos e adeptos estivessem também até equilibrando o carma planetário. Aqueles que caminham a senda mística acabam extrapolando a carga do próprio carma e passam a carregar também o "carma do Cristo".

O que é o carma do Cristo? É o carma do mundo inteiro, e Jesus o tem aguentado para nós por 2 mil anos. Que tal dizer a Jesus "Deixe que eu leve o carma do mundo, Senhor"? Não está na hora de alguns portadores da luz e seres crísticos ajudá-lo a suportar o carma do mundo? Nós podemos fazer isto.

Somos chamados a esta senda porque Deus nos ama e sabe que precisamos desta senda e deste ensinamento, que precisamos da chama violeta e de viver uma vida de serviço para que possamos encontrar todas as pessoas a quem devemos alguma coisa, e a dívida tenha de ser paga pessoalmente. Muitas dívidas podem ser pagas com a chama violeta, mas outras simplesmente não podem ser pagas sem uma interação pessoal.

Cada vez que corrigimos um erro com alguém que sofreu desnecessariamente por causa de nossos atos insensatos, nós alcançamos a união, grande ou pequena, com o Deus nesta pessoa. Enquanto estivermos presos na armadilha da espiral de carma negativo com o eu externo (o nosso eu externo e o de outras pessoas), não podemos conhecer verdadeira unidade com o Eu Interior deles, e nem com os nossos. Toda vez que equilibramos o carma, eliminamos alguma substância que estava entre nós e outras pessoas. Nós nos unimos ao Deus nestas pessoas e abrimos um canal através do qual eles podem se unir ao Deus em nós.

Quando estamos comprometidos a pagar o que devemos na vida, às vezes pode parecer que a vida é só labuta e que deveríamos na verdade estar fazendo algo ótimo, criativo, original, maravilhoso. Mas a verdade é que criamos esta labuta para nós mesmos ao gerar o carma. E quando o geramos precisamos nos ajoelhar e trabalhar para valer.

O significado de se entregar a Deus

O alívio do sofrimento de uma alma e de muitas almas é minha razão de ser. Não me interessa o que causou o sofrimento; desejo aliviar o sofrimento desnecessário de todos os seres vivos. Às vezes, sofrer é necessário pela lei do carma. Mas sempre que as leis de Deus permitirem, quero estar presente para aliviar a carga, transmutar suas dores por meio de compreensão e compaixão, tirá-los da escuridão do autoconhecimento limitado à luz inferior e conduzi-los à luz do Autoconhecimento ilimitado no Eu Superior. Isto, para mim, é o que dá sentido à vida. Se eu não puder fazer isto todo dia, então não sei o que estou fazendo no planeta.

Se isto me aproxima de Deus e eu acabo equilibrando o meu carma pessoal e o planetário também, tanto melhor. Mas isto não é importante para mim. Para mim, sofrer para equilibrar o carma pessoal e planetário não é sofrimento. É pura alegria. E se houver dor, ela se transmuta em glória por minha união com Deus em toda parte da vida.

A razão de suportar sofrimentos é a própria alegria de levar o fardo de outra pessoa, não pelo que isto nos traz, nem porque nos conduz a união a Deus — deixem isto com Deus. A razão de suportar o fardo alheio é a própria alegria do momento de dar a chama de Deus a outra pessoa, não por causa de qualquer benefício que venhamos a receber.

Acho que me oriento por metas. Custe o que custar a conquista da meta, eu posso sofrer, ou suportar, pois vejo o fim desde o começo. Quando estava na faculdade, costumava colocar um lembrete nos meus livros dizendo "Isto também passará". Eu visualizava o dia e a data entre o momento presente e o final. Dizia a mim mesma: "Nem há tanta distância assim entre onde estou agora e onde estarei depois. Vai passar." Este pequeno mantra eliminou o tempo e o espaço para mim, e antes que eu me desse conta já estava me formando.

Fico feliz por ter optado pelo caminho mais difícil — a escola da purgação, da iluminação e da união com o meu coração sob a tutela dos meus mentores espirituais. É uma escola do mais profundo amor. Digo-lhes com sinceridade, qualquer pessoa que se dê ao trabalho de lhes disciplinar, despender todo o fogo do coração e da alma para lhes tornar as pessoas que ela sabe que vocês são, como meus mentores fizeram por mim, esta pessoa é amiga e instrutora de verdade. Vá atrás de indivíduos assim, pois estes são os seus verdadeiros amigos.

Jesus disse que renunciou à própria vida pelo seu rebanho, o rebanho perdido de almas da casa de Israel. Quando nos determinamos a ajudar as pessoas, de fato renunciamos as nossas vidas e a nossa luz — tudo que somos, coração e essência. Isto porque é preciso muito amor e provas a Deus de que realmente queremos ser instrumento de salvação de almas, seja uma só ou várias.

Eu lhes dou boas-vindas à oportunidade de salvar as almas neste planeta que jamais serão tocadas ou alcançadas a não ser que sejam tocadas por vocês. Cada um de vocês é uma pessoa única. Estejam onde estiverem no mundo, vocês entrarão em contato com pessoas que talvez nunca mais na vida entrem em contato com alguém que esteja ligado aos mestres ascensos, que tem a chave para abrir a porta para que eles consigam chegar lá. Lembrem-se sempre disto.

Certa vez, quando tive oportunidade de aconselhar um determinado grupo de pessoas, reconheci que se eu não tivesse parado para conversar com elas, não haveria mais para onde elas apelarem para entender quem e o que eram então — e o que teriam de fazer para que chegassem a ser de fato quem eram.

É uma sensação maravilhosa saber que Deus nos chamou para um serviço específico, saber que se ouvimos Deus dizer no nosso ouvido "Se você não falar com esta pessoa, ninguém mais falará. De que outro jeito entrarei em contato com ela? Como a levarei para casa? Ela não tem para onde ir, não tem quem a ensine, não tem quem a salve".

Quando nos damos conta de que este é o significado de se dar a Deus — conhecer esta imensa alegria que é ajudar as pessoas e facilitar sua entrada nos palácios celestiais — eu lhes garanto, não há nada no mundo que não se possa abandonar prontamente em troca de tão imensa felicidade. Este é o único jeito que sei descrever: uma imensa felicidade por ter sido realmente útil para o universo.

Como transmutar o carma por meio de serviço e oração

Os escritos dos místicos nos dizem que chega um momento no caminho da purgação em que ocorre intenso sofrimento. A chama do amor engole alguns aspectos do eu inferior e a alma passa para um novo nível.

Por exemplo, no momento crucial da vida de Catarina de Gênova em que ela foi consumida por sua perplexidade para com as próprias imperfeições, ela começou a sofrer uma constante sensação de pecado.

Por quatro anos ela jejuou e penitenciou a si mesma — que são castigos e disciplinas mais ou menos severas. De repente, certo dia, esta ideia das penitências foi tirada da cabeça dela e não conseguiu mais prosseguir com elas.

Um momento semelhante ocorreu na vida do frade dominicano e místico do século XIV Henry Suso. A biografia de Suso, intitulada *The Exemplar*, explica que ele se impôs pungentes práticas ascetas ao longo de 16 anos e então as interrompeu abrupta e totalmente quando "um anjo apareceu para ele no Domingo de Pentecostes com um sussurro de boas-vindas no qual comunicava que Deus queria que ele descontinuasse seu estilo de vida".[17] Daí por diante, Suso trocou a ênfase na penitência pela ênfase no desapego.

Esta tendência dos santos antigos de se penitenciarem eram atos de confissão e sofrimento que simbolizavam estarem seguindo os passos de Jesus na hora da crucificação. Esta era sua forma de suportar os pecados do mundo na imitação de Cristo. Nas vidas dos místicos antigos, o sofrimento cessava quando a alma havia aprendido certas lições e determinados blocos de carma foram equilibrados.

Apesar de o sofrimento ser parte do processo de purgação e parte conhecida da senda da iniciação, vocês não precisam se autoflagelarem. Se vocês estão sofrendo e passando por alguma coisa, o que significa suportar o sofrimento — apenas use a chama violeta e sirva a Deus. Os mestres ascensos não recomendam e tampouco condenam as práticas de penitência física. Na verdade, eles ensinam que quando lutamos para servir à vida e compartilhar com os outros os ensinamentos na senda de reunião a Deus, quando nos damos por inteiro à liberação das almas no planeta e oferecemos um ritual diário de decretos e de orações, já basta. Os mestres ensinam que devemos cuidar de nossa saúde e levar uma vida equilibrada e íntegra. O que importa não é ser mártir, e sim ser espírito forte e exaltado em um corpo forte e exaltado.

Quando nosso carma negativo desce e acelera por Deus estar nos empurrando para superá-lo mais rápido, transmute-o invocando a chama violeta. Quando há trabalho a ser feito pelo Senhor, eis o momento e a forma de oferecer todo o seu sacrifício voluntário. Esta pode ser uma experiência maravilhosa, arrebatadora e transcendental. E depois, dê ao seu corpo o merecido descanso. Todos estamos trabalhando juntos, cada um do seu jeito e de acordo com a própria situação cármica, para tornar real no planeta o momento em que a influência da Mãe Divina se faz sobre o mundo inteiro.

Orações e meditações

A Oração diária do guardião

A "Oração diária do guardião" é uma meditação sobre a nossa verdadeira identidade como uma chama de Deus. Esta é a oração daqueles que guardam a chama, a centelha divina, em prol de toda a vida. Hélios e Vesta representam a Divindade para todas as almas evoluindo nos planetas que giram ao redor do sol. Sua consciência de Deus sustenta nosso sistema solar físico. O Grande Sol Central é o centro do cosmos, o ponto de origem de toda criação física e espiritual.

Ao recitar as palavras, visualizem a mescla entre sua consciência e a centelha divina dentro de seu coração e dentro do coração de Deus. Visualizem-se tornando-se a chama, unificada com a essência de toda vida.

Uma chama é ativa—
Uma chama é vital—
Uma chama é eterna.

EU SOU uma chama divina de amor radiante
Vinda do próprio coração de Deus
No Grande Sol Central
E desce do Mestre da Vida!
O meu ser transborda agora
Com a suma consciência divina
E a percepção solar
Dos bem-amados Hélios e Vesta.

Peregrino na Terra,
Avanço cada dia pelo caminho
Da vitória dos mestres ascensos
Que me conduz à liberdade eterna
Pelo poder do fogo sagrado

Hoje e sempre,
Manifestando-se continuamente
Nos meus pensamentos, sentimentos e percepções,
Transcendendo e transmutando
Todos os elementos terrenos
Nos meus quatro corpos inferiores
E libertando-me, pelo poder do fogo sagrado,
Desses focos de energia corrompida presentes no meu ser.

EU SOU liberado neste instante de tudo o que escraviza
Pelas correntes da chama divina
Do próprio fogo sagrado,
Cujo efeito ascendente faz de mim
Deus em manifestação,
Deus em ação,
Por Ele guiado
E um só com a sua consciência!

EU SOU uma chama ativa!
EU SOU uma chama vital!
EU SOU uma chama eterna!
EU SOU uma centelha de fogo em expansão
Originada no Grande Sol Central
Atraindo para mim agora todos os raios
De divina energia de que necessito
E que nunca pode ser qualificado pela criação humana
E que me inunda da Luz
E da divina iluminação de mil sóis
Para que exerça domínio
E seja eternamente a suprema autoridade
Onde quer que eu esteja!

Onde eu estou, está Deus também.
Para sempre EU SOU um só com Ele,
Intensificando a minha Luz

Com o sorriso do seu esplendor,
A plenitude do seu amor,
A onisciência da sua sabedoria,
E o poder da sua vida eterna,
Que automaticamente me eleva
Nas asas vitoriosas da ascensão,
Que me farão regressar ao coração de Deus
Do qual eu desci, na verdade,
Para cumprir a sua vontade
E a todos manifestar a vida abundante!

EU SOU guardião do meu irmão

Em nossa jornada pela senda mística, começamos a perceber que somos guardiães de nossos irmãos. Jesus disse: "Eu sou em meu Pai, e vós em mim, e eu em vós."[18] Como Cristo está em todo filho de Deus, ocorre que, à medida que absorvemos o esplendor de Deus, também passamos esplendor a toda a sua criação. Esta oração é uma afirmação da nossa irmandade com todos os filhos de Deus:

EU SOU o guardião do meu irmão.
Ajuda-me a prestar, ó Deus,
Serviço atento e dedicação,
Sendo compassivo como Tu és!

EU SOU o guardião do meu irmão.
Ó amado Jesus, por Tua chama
Da bênção divina da ressurreição
O consolo em Teu nome derrama!

EU SOU o guardião do meu irmão.
Presença Divina próxima e segura,
A plenitude da Tua santa bênção,
Expressa a divindade sempre pura!

EU SOU o guardião do meu irmão.
Sou o guardião da sua chama;
Com doce poder e convicção.
Meu ser em Teu nome o ama!

Orações de proteção

O Arcanjo Miguel é o anjo mais reverenciado nas escrituras judaicas, cristãs e islâmicas. Ele e incontáveis anjos sob o seu comando protegem os filhos de Deus de todo tipo de perigo físico e espiritual.

Ao longo do dia, sempre que vocês sentirem necessidade de reforçar a proteção de Deus ao redor de si mesmos ou ao redor daqueles que possam estar sofrendo, vocês podem parar e invocar assistência imediata ao Arcanjo Miguel fazendo um fiat. Um fiat é uma poderosa declaração que invoca a luz de Deus. Envie este fiat com fervor e amor para instantaneamente invocar a proteção do Arcanjo Miguel:

Arcanjo Miguel, ajuda-me! Ajuda-me! Ajuda-me!

Proteção em viagem

Apesar de podermos invocar a intercessão angélica por meio de um fiat curto, é melhor fazer decretos para o Arcanjo Miguel diariamente — de preferência pela manhã — pedindo proteção para si mesmos e para seus entes queridos ao longo do dia. Vocês também podem decretar à noite pedindo proteção enquanto suas almas viajam para fora do corpo durante o sono.

O decreto "Proteção em viagem" é fácil de memorizar, e podemos usá-lo a qualquer momento que sintamos necessidade de proteção contra o mal ou a negatividade. Vocês também podem recorrer a este decreto quando forem viajar. Basta visualizar o Arcanjo Miguel e suas legiões cercando todos os veículos e seus ocupantes, bem como todos os pedestres. Faça o decreto no mínimo três vezes:

São Miguel à frente, São Miguel atrás,
São Miguel à direita, São Miguel à esquerda
São Miguel acima, São Miguel abaixo,
São Miguel, São Miguel onde quer que eu vá!

EU SOU o seu amor, que me protege aqui!
EU SOU o seu amor, que me protege aqui!
EU SOU o seu amor, que me protege aqui!

CAPÍTULO 7

Uma senda acelerada para a liberdade da alma

Os místicos que passaram por severas provações, doenças e perseguições estavam equilibrando carma — tanto o carma pessoal quanto o planetário — da melhor maneira que podiam para a época em que viviam. Mesmo em meio aos maiores sofrimentos, eles viam seu caminho como pura alegria, pois vivenciavam sua progressiva aproximação de Deus. Dizem que Teresa de Lisieux, cuja curta vida foi de intenso sofrimento, teria dito: "Cheguei ao ponto de nem conseguir sofrer mais, pois todo este sofrimento é bom para mim."

A lei do carma pode fazer certo sofrimento bater na nossa porta. Mas hoje há uma senda que pode minimizar o sofrimento, e é a senda da chama violeta — o presente de Saint Germain aos místicos da era de Aquário. Com a chama violeta, em vez de termos de encarar todas as velhas situações cármicas e levar milhões de anos para trabalhar o carma fisicamente, temos a oportunidade de acelerar nossa jornada de volta ao lar.

Às vezes, o maior sofrimento que temos de aguentar é fazer nossos decretos dinâmicos por tempo suficiente para fazer a transmutação alcançar um ápice alquímico. Às vezes, leva 15 minutos, às vezes, mais de uma hora. Quando alcançamos esse ápice, talvez até nos sintamos entrando em um novo plano de consciência.

A chama violeta, usada por nós com plena intensidade, fervor e ardor em prol do planeta inteiro, é uma forma eficaz de equilibrar muito carma. Ao aplicar as leis de Deus e fazer decretos dinâmicos da chama violeta, podemos nos libertar em larga escala dos fardos de nosso carma pessoal. Além do que, quando nos dedicamos a orações e ao serviço em prol dos outros, podemos ajudar a libertar a eles e ao mundo.

Um instrumento poderoso que libera energia e restaura a harmonia

O que torna a chama violeta um instrumento tão poderoso? Em nosso mundo físico, a luz violeta tem a frequência mais elevada do espectro visível. Como explica Fritjof Capra em *O Tao da física*: "A luz violeta tem frequência elevada e comprimento de onda curto, e consiste, portanto, de fótons de energia de alta frequência e alta dinâmica."[2] Em níveis espirituais, esta energia de alta frequência da chama violeta pode consumir os resíduos dentro e entre os átomos do nosso ser. É como mergulhá-los em uma solução química que, camada por camada, dissolve a sujeira que passou anos aprisionada.

Livre desse lixo, os elétrons começam a se mover com mais liberdade, aumentando assim nossa vibração espiritual e seus níveis de energia. Esta ação ocorre em dimensões não físicas da matéria. À medida que a energia é novamente polarizada e transmutada, torna-se parte do nosso estoque de energia positiva.

Não há uma pessoa sequer que não se arrependa e não queira desfazer algo que já fez na vida, alguma ação, alguma palavra indelicada. Ao trabalhar com a chama violeta, podemos mandar a chama do Espírito Santo aliviar o peso do carma tanto para a pessoa a quem ofendemos quanto para nós mesmos. À medida que vai passando pelas camadas emocional, mental e física do nosso ser, a chama violeta transmuta a causa, o efeito, o registro e a lembrança de qualquer coisa que não seja rigorosamente perfeita, e restaura a energia ao seu estado natural de harmonia com o Espírito.

Saint Germain nos ensinou que a chama violeta é a mais física de todas as chamas. Quando a invocamos, a transmutação ocorre em todos os níveis. A chama pode expelir toxinas acumuladas em órgãos físicos e transmutar os registros da vida presente e das vidas passadas.

A cura física pode se dar através do uso da meditação e da Ciência da Palavra Falada, e também por meio da dieta adequada, que é muito importante. A luz em nosso templo corpóreo propicia manifestações de cura. Como muitos problemas de saúde física são causados por problemas mentais e emocionais, a cura da mente e das emoções e o apagamento de registros subconscientes que promove a chama violeta geralmente bastam para eliminar o sofrimento físico.

Busquemos as causas por detrás dos efeitos. Isto não quer dizer que vamos dispensar cuidados médicos, remédios ou o que for necessário, inclusive cirurgias, para resolver problemas físicos. Mas devemos procurar a manifestação da vitória onde a mente de Deus dentro de nós controla a manifestação na matéria.

Em essência, a chama violeta permite que sigamos uma senda de sofrimento mínimo. Quando a invocamos por meio de orações, ela pode nos ajudar no processo de resolver carmas e traumas. Pode até nos permitir compensar algumas das nossas dívidas cármicas dispensando o encontro pessoal com os indivíduos envolvidos na situação. A chama violeta é um fogo sagrado que nos renova e nos ajuda a ficar mais plenos.

Como invocar a chama violeta

Como se invoca a chama violeta? Em nível mais simples, pode-se entoar um mantra afirmando o nome de Deus, EU SOU, e então declarar que esse EU SOU é a chama violeta bem onde se está. Um mantra que gosto de usar para aumentar a manifestação da chama violeta em minha aura é o seguinte: *"EU SOU um ser de chama violeta! EU SOU a pureza que Deus deseja."* Ele deve ser repetido várias vezes como um mantra que canta no seu coração. Quanto mais ele for usado, mais forte a ação de transmutação.

Podemos recitar este mantra e qualquer um dos mantras e decretos neste livro, três vezes no mínimo, até sentirmos o coração respondendo ao poder curativo do amor que vem por meio da chama violeta. Podemos também criar nossas próprias adaptações dos mantras sempre que sentirmos necessidade de maior clareza em alguma situação, como mostrado nos dois exemplos a seguir do mantra básico.

EU SOU um ser de chama violeta!
EU SOU a pureza que Deus deseja!

Meu coração está vivo com a chama violeta!
Meu coração é a pureza que Deus deseja!

Minha família está envolta em chama violeta!
Minha família é a pureza que Deus deseja!

Este pequeno mantra se torna uma meditação e uma visualização ancorada no templo físico pela Palavra falada. Dar palavras aos nossos pensamentos e às nossas emoções é a forma pela qual ganhamos uma nova dimensão nas orações que fazemos, pois é através do chacra da garganta que trazemos à forma física o que está na mente e no coração. Isto porque, quando as pessoas começam a fazer esses mantras, passam por uma imediata aceleração de consciência. A chama violeta, então, é o primeiro passo no caminho do retorno da alma ao Espírito, ou a Presença do EU SOU.

Nosso Deus é um fogo que consome

Vemos referências a Deus como sendo um fogo sagrado por todo o Antigo e Novo Testamentos. Como registrado no Deuteronômio, Moisés disse aos filhos de Israel: "O SENHOR teu Deus é fogo que consome."[3] João Batista, anunciando a chegada de Jesus Cristo, profetizou: "Mas vem aquele que é mais poderoso do que eu, a quem não sou digno de desatar a correia das sandálias. Ele vos batizará com o Espírito Santo e com fogo."⁴ O que buscamos é este batismo do fogo sagrado, e sempre começamos a busca dentro de nós.

Quando meditamos sobre o fogo sagrado no coração, logo descobrimos que uma luz pulsante vem claramente às nossas consciências. Esta luz se acelera a uma vibração, ou frequência, que percebemos como a cor violeta, daí o termo *chama violeta*. Esta chama, um aspecto do Espírito Santo, tem sido vista por videntes, místicos e santos, e na era de Aquário é chegada a hora da sua realização e aplicação.

EU SOU a chama violeta

Com este mantra, que nos foi dado por Saint Germain, podemos invocar a chama violeta do coração dele para que ela nos sature, a toda a vida e ao planeta inteiro. Como todos os decretos, podemos fazê-lo uma vez, três ou quantas vezes desejarmos.

EU SOU a chama violeta
Que atua em mim e reluz
EU SOU a chama violeta
Só me submeto à luz
EU SOU a chama violeta
Cósmico poder, farol
EU SOU a chama violeta
Radiante como um sol
EU SOU a chama violeta
A toda hora brilhando
EU SOU a chama violeta
Que a todos vai libertando.

A dádiva da liberdade na era de Aquário

Saint Germain patrocina o nosso uso da chama violeta. Ele pediu aos conselhos celestiais para que fosse dado aos portadores da luz do mundo acesso à chama violeta para acelerar o equilíbrio do carma. A condição exigida para que o pedido fosse atendido era que Saint Germain pagaria o preço se as pessoas usassem mal a chama violeta. Pensem no sacrifício que ele fez ao aceitar o compromisso! Ele sabia que alguns poderiam fazer mau uso da chama, mas mesmo assim se dispôs a aceitar este fardo em prol daqueles que poderiam usar a chama violeta para a bênção de toda a humanidade e para sua vitória pessoal na luz.

Como seria possível fazer mau uso da chama violeta? Usando-a para transmutar o carma passado e depois repetindo as ações que o geraram, ou agindo para com qualquer criatura de modo rancoroso e desprovido de amor — tudo isso é usar a chama de forma negativa. O mesmo vale para se engajar em qualquer coisa que viole os princípios de liberdade, misericórdia e perdão — os poderes alquímicos da chama violeta.

Graças à intercessão de Saint Germain, por meio da alquimia da chama violeta, as almas irredimíveis e imperfeitas podem se tornar participantes da natureza divina aqui e agora nesta vida. Ao invocarmos a chama violeta, ao meditarmos sobre a chama e ao banharmos nossa consciência na chama, podemos vivenciar a transmutação, a mudança de energia e de consciência que foi tão frequentemente prometida pelos profetas hebreus — a promessa do perdão, a promessa de que "ainda que vossos pecados sejam como a escarlata, eles se tornarão brancos como a neve".[5]

A promessa do perdão do Espírito Santo é nossa única saída do estado de não alinhamento, do nosso senso de pecado. Nós nos realinhamos pelo poder de Deus de apagar o pecado. O Espírito Santo destrói as energias mal qualificadas ou os usos errados da vida que criamos, pelo uso errado do livre-arbítrio. Todos temos a liberdade de qualificar as energias de Deus como amor ou ódio. Se as qualificamos como ódio, esta energia fica conosco e permanece conosco como parte da nossa consciência até que as transmutemos pelo amor.

O poder do Espírito Santo para transmutar ódio em amor se manifesta por esta dispensação da chama violeta. Decretos da chama violeta transmutam e suavizam os fardos do dia e começam a transmutar a acumulação do passado. A chama violeta pode ser usada para transmutar ou mudar qualquer energia negativa que exista em nossas vidas. Também podemos usá-la para produzir mudanças positivas em todas as áreas da vida humana, seja pessoal ou planetária.

Amada Presença de Deus, EU SOU em mim,
Escuta, agora, o que decreto:
Derrama as bênçãos que agora invoco
Sobre o Santo Cristo de cada um.

Que o fogo violeta da liberdade
Pelo mundo avance a todos curando;
Que sature a Terra e os povos também
Com resplendor crístico cada vez maior.

EU SOU esta ação de Deus no alto
Mantida pela mão do amor dos céus,
Transmutando as causas da discórdia aqui,
Extraindo o núcleo, derrotando o medo.

EU SOU, EU SOU, EU SOU
O poder do amor e da liberdade
Que ergue a Terra inteira aos céus.
O fogo violeta, radiante agora,
Em vívida beleza é a luz de Deus

Que neste instante e para sempre
Dá ao mundo, ao meu ser e a toda vida
Liberdade eterna na perfeição do mestre ascenso!
Onipotente EU SOU! Onipotente EU SOU!
Onipotente EU SOU!

Como transmutar o carma alquimicamente

Às vezes, as pessoas erram. Às vezes, fazem votos a Deus e depois os quebram sem querer e sem pensar. Por favor, saibam que caso venham a cometer erros impensados, isto não faz de vocês pecadores miseráveis. Todos temos um altar no coração e podemos ter altares físicos também. Então, se você errou, deve correr para o seu altar assim que reconhecer o erro. Invoque a lei do perdão. Decrete por 15 minutos, ou meia hora, e acabe com o problema.

Quando a pessoa condena a si mesma, se põe do lado de fora do círculo de Deus. Enquanto permanece em um estado de autocondenação, fica de fora do círculo de Deus. Então, se vocês têm pelo que condenarem a si mesmos, vão para o altar, confessem tudo. Se repetirem o erro, vão para o altar e confessem tudo mais uma vez. Se a pessoa perceber que está repetindo tudo sistematicamente, deve considerar a possibilidade de procurar um terapeuta para cuidar do seu lado psicológico, seu histórico, sua infância, sua relação com os pais. Aconselho invocar a chama violeta e servir com afinco para transmutar o carma. Invoquem a lei do perdão sempre que condenarem a si mesmos. E então poderão pular de volta para o círculo de Deus. Deus nos perdoa antes mesmo de nós pedirmos perdão a Ele.

A lei do perdão

Amada, poderosa e vitoriosa Presença de Deus, EU SOU em mim, amado Santo Cristo Pessoal e amado Pai Celeste:

Em nome e pelo poder da Presença de Deus que EU SOU e pelo poder magnético do fogo sagrado que me foi confiado, invoco a lei do perdão e a chama violeta da transmutação para todas as transgressões da vossa Lei e todas as violações das vossas sagradas alianças. Restabelecei a Mente de Cristo em mim; perdoai os meus erros e injustiças; fazei com que obedeça a vossa lei e permiti que sempre caminhe humildemente convosco.

Em nome do Pai, da Mãe, do Filho e do Espírito Santo, decreto por todos a quem prejudiquei e por todos os que me prejudicaram:

Fogo violeta, envolve-nos! (3x)
Fogo violeta, ampara-nos! (3x)
Fogo violeta, liberta-nos! (3x)

EU SOU, EU SOU, EU SOU envolvido
 Por um pilar de chama violeta,
EU SOU, EU SOU, EU SOU abundância
 De amor pelo nome de Deus,
EU SOU, EU SOU, EU SOU renovado
 Pela Tua perfeição de beleza sem par,
EU SOU, EU SOU, EU SOU a radiante chama
 Do amor de Deus descendo docemente pelo ar.

Desce sobre nós! Desce sobre nós! Desce sobre nós!
Flameja em nós! Flameja em nós! Flameja em nós!
Inunda-nos! Inunda-nos! Inunda-nos!

Aceito que isto se faça agora, com pleno poder! EU SOU a realização disto agora mesmo com pleno poder. EU SOU, EU SOU, EU SOU a vida divina expressando perfeição de todas as formas e a cada instante. Isto que peço para mim, peço-o também para todo homem, mulher e criança neste planeta!

Existe uma alquimia nestes decretos falados pela qual os maus usos da energia de Deus são transmutados de forma inexistente em nenhum outro tipo de oração. Isto significa que, cada vez que fizermos mantras com o nome de Deus, a substância da energia de Deus que um dia qualificamos como negatividade ou trevas está sendo requalificada como luz.

O significado interno da comunhão

A figura na parte de baixo da Imagem do Seu Eu Divino (página 47) nos mostra que podemos ser o templo de Deus ao invocar a chama violeta da nossa poderosa Presença do EU SOU (a figura superior) por meio do nosso Santo Cristo Pessoal (a figura do meio). Segundo um profundo ensinamento da senda mística cristã, devemos passar pelo Filho para chegar ao Pai.

Não achamos necessariamente que Jesus usou a chama violeta, mas consideremos o primeiro milagre que ele fez: na festa de casamento em Caná da Galileia, Jesus transformou água em vinho. Esotericamente, isto simboliza a transformação da água da consciência humana no vinho do Espírito. O vinho tem cor púrpura ou violeta, o que sugere que Jesus estava usando este aspecto do Espírito Santo que está na frequência da chama violeta. Teresa d'Ávila escreveu que Jesus lhe deu um anel adornado com uma pedra que lembrava uma ametista como símbolo do seu casamento espiritual. Acredito que ele colocou na pedra a frequência da chama violeta para ajudá-la a seguir na senda.

A chama violeta também é simbolizada no vinho usado no ritual de Sagrada Comunhão. O significado interno da palavra *comunhão* é "venha se unir". Através deste ritual, quando somos banhados no vinho do perdão, uma porção de nossa Realidade Divina é restaurada, trazendo-nos mais para perto da união com Cristo e com a Presença do EU SOU.

A Radiante Espiral de Chama Violeta

Quando invocamos o fogo sagrado, não temos que estar cientes de nossos pecados, de nosso passado, de nossas encarnações anteriores. Não precisamos saber como tudo se passou. Só precisamos saber que, ao invocarmos os fogos do Espírito Santo em nome de Deus e Cristo, estes fogos sagrados descerão. Esta lei é mais certa do que qualquer uma que saibamos por meio da ciência, da matemática ou do dia a dia.

Em nome da amada, poderosa e vitoriosa Presença de Deus, EU SOU em mim e do meu amado Santo Cristo Pessoal, eu decreto:

Radiante espiral de chama violeta,
Desce e brilha em mim agora!
Radiante espiral de chama violeta,
Liberta, liberta nesta hora!

Radiante chama violeta vem,
Expandir tua luz e brilhar!
Radiante chama violeta vem,
O poder de Deus revelar!
Radiante chama violeta vem,
Despertar a Terra e libertar!

Resplendor da chama violeta,
Expande e brilha agora em mim!
Resplendor da chama violeta,
Que todos te vejam brilhar assim!
Resplendor da chama violeta,
Traz misericórdia agora!
Resplendor da chama violeta,
Transmuta o medo nesta hora!

Oração para a paz mundial

Através da oração e da meditação, podemos também direcionar a chama violeta para problemas na sua comunidade ou no cenário mundial — como poluição, instabilidade política ou guerra — e transmutar as suas causas cármicas e trazer resolução e paz. Podemos dedicar a tais problemas qualquer das orações e decretos neste livro, bem como a seguinte oração, para atrair a mais elevada resolução de qualquer situação que mencione.

Ó chama violeta! Ó chama violeta! Ó chama violeta!
Em nome de Deus, em nome de Deus, em nome de Deus!
Ó chama violeta! Ó chama violeta! Ó chama violeta!
Inunda o mundo! Inunda o mundo! Inunda o mundo!
Em nome do EU SOU, em nome do EU SOU,
em nome do EU SOU!

Que a Paz, a Paz, a Paz
Se espalhe por toda a Terra!

Que o oriente expresse paz,
que o ocidente expresse paz,
que a paz venha do leste e siga para oeste,
Venha do norte e siga para o sul,
E circunde o mundo inteiro!
Que os mantos envolventes da Terra
Estejam preparados para enaltecer o SENHOR
Neste dia, nesta hora e nesta noite.
Que o mundo permaneça numa aura de paz Divina!

E com toda a fé eu aceito conscientemente que isto se manifeste, que se manifeste, que se manifeste! (3x) Aqui e agora com pleno poder, eternamente mantido, onipotentemente ativo, em contínua expansão e abrangendo o mundo inteiro até que todos tenham ascendido totalmente na luz e sejam livres! Amado EU SOU! Amado EU SOU! Amado EU SOU!

Como selar as energias da oração

O selo de um decreto ou de uma sessão de decretos fecha a ação de precipitação que faz a luz do Espírito descer perceptivelmente para dentro da matéria. Como no selo que segue a "Oração para a Paz Mundial", o selamento de um decreto implica sua aceitação do que solicitou. Empregue tanta intenção e intensidade ao selar quanto empregou ao fazer os decretos. Assim podemos proteger as energias formidáveis que invocamos através dos decretos. Sugerimos aqui outro selamento que vocês podem usar:

Aceito que isto se faça agora, com pleno poder! EU SOU a realização disto agora mesmo com pleno poder. EU SOU, EU SOU, EU SOU a vida divina expressando perfeição de todas as formas e a cada instante. Isto que peço para mim, peço-o também para todo homem, mulher e criança neste planeta.

Como incluir orações e decretos na sua vida

Como um pacote cármico é entregue na nossa porta todas as manhãs, muitas pessoas gostam de fazer os seus decretos da chama violeta antes de começar o dia. Como ocorre com toda forma de oração, extrairemos mais benefícios da chama violeta e de outros decretos se reservarmos um determinado momento todos os dias para decretarmos sem interrupção. Às vezes, sentimos necessidade de decretar por uma hora ou mais para alcançar aquele ápice alquímico no qual podemos sentir que estamos transmutando energia negativa em luz.

Mas podemos usar quantos decretos quisermos a qualquer momento, em qualquer lugar — no chuveiro, no nosso local sagrado, enquanto fazemos as nossas tarefas cotidianas ou antes de dormir. Simplesmente repetir um mantra da chama violeta quando nos sentimos tensos, cansados ou irritados já pode fazer diferença. Se a pessoa tem um emprego ou outras responsabilidades que a ocupam de manhã até a noite e vive na correria, pode usar os decretos mais curtos deste livro. Eles devem ser decorados e então, quando estivermos com pressa, podemos dizê-los uma vez, selarmo-nos no seu poder e permanecer assim até o fim do dia. Podemos demonstrar Deus sem mudar todo o nosso estilo de vida. Só precisamos fazer um pouquinho de malabarismo.

Um modo poderoso de decretar é em grupo. Quando nos reunimos a outras pessoas para fazer decretos juntos, o poder dos nossos decretos é potencializado pelo número de indivíduos presentes. Esta é uma tremenda dispensação que nos foi transmitida pelos mestres ascensos. Por meio de outra dispensação, este poder então é multiplicado pelo poder de 10 mil vezes 10 mil. Portanto, quanto mais pessoas decretarem juntas em um lugar, mais estarão colaborando para um esforço concentrado no qual todos recebem mais luz vinda do alto. Este é um dos benefícios de ter um grupo por perto com quem possamos decretar.

O poder da multiplicação é entendido por meio destas palavras de Jesus: "Também vos digo que, se dois de vós concordarem na terra acerca de qualquer coisa que pedirem, ser-lhes-á concedido por meu Pai, que está nos céus. Pois onde estiverem dois ou três reunidos em meu nome, aí estou eu no meio deles."[6]

CAPÍTULO 8

Como jejuar na senda espiritual

Além da chama violeta, jejuar é outra forma eficaz de acelerar o processo de purgação. Santos e místicos ao longo das eras têm jejuado por inclinação natural e em resposta a Deus — o desejo de ser esvaziado de si mesmo para que se dê uma comunhão mais profunda e sensível com Deus. É absolutamente verdadeiro que quando deixamos de lado comidas mais pesadas, abrimos caminhos para aumentar o nosso nível de paz interna e a nossa comunhão com os luminares de toda eternidade.

São João Clímaco escreveu sobre as virtudes do jejum: "Abrir mão das coisas percebidas pelos sentidos implica a visão de coisas espirituais [...] O jejum dá cabo da luxúria, arranca o mau pensamento pela raiz e liberta a pessoa dos seus pesadelos. O jejum proporciona oração pura, alma iluminada, mente alerta e libertação da cegueira. O jejum é a porta do escrúpulo [...] alegre contrição e fim da tagarelice sem sentido, dá ocasião para o silêncio, uma custódia de obediência [...] saúde do corpo, um agente de dissipação, uma remissão dos pecados, o portal, de fato, o deleite do Paraíso."[1]

Recomenda-se o jejum em tradições espirituais do Oriente e do Ocidente. A prática tem sido constante nas comunidades de cristãos monásticos. Por exemplo, as Clarissas Pobres de São Damião só faziam uma refeição completa por dia — tirando os domingos e o Natal, quando lhes eram permitidas duas refeições completas. (As Clarissas Pobres são uma ordem fundada no século XIII por Santa Clara, discípula de São Francisco.) Além disso, o papa proibiu as monjas Clarissas de comer qualquer tipo de carne. Clara, todavia, era cautelosa quanto às regras do jejum. Ela explicava que exceções devem ser feitas em casos de "irmãs mais jovens, as que forem fracas e aquelas que servem fora do monastério [...] Em tempos de evidente necessidade", disse ela, "as irmãs não são obrigadas ao jejum físico".[2]

Como purgar toxinas e ter saúde

Muitas pessoas que entraram na senda espiritual sentiram necessidade de jejuar e de mudar a sua dieta, eliminando carnes gordurosas e laticínios. As comidas mais densas inibem a capacidade das células individuais do corpo de conter luz.

É claro que a pessoa precisa saber quando e do que jejuar sob supervisão de um profissional de saúde, além de um instrutor espiritual. Lembre-se de que o objetivo do jejum e uma boa dieta é purgar toxinas para ganhar saúde. É preciso um corpo forte e vibrante para realizar as obras de Deus na Terra. O padre da Igreja Ortodoxa do século XI, Elias, o Presbítero, entendia a necessidade de equilíbrio. Ele escreveu:

> O asceta precisa saber quando e através de quais alimentos tratar o corpo como um inimigo, quando encorajá-lo como a um amigo, e quando auxiliá-lo como a um inválido. Do contrário, ele poderá, involuntariamente, oferecer ao amigo o que seria certo para o inimigo, ou ao inimigo o que seria certo oferecer ao amigo, e ao inválido o que deveria oferecer a um dos outros dois; e tendo se indisposto com os três, acabaria sendo combatido pelos três em momentos de tentação.[3]

Como iluminar a consciência e curar a forma

A razão pela qual estimulo os estudantes que seguem a senda a aprender e usar um programa alimentar que inclua a limpeza e a reconstrução do corpo é que precisamos de todo o tempo dos anos que nos foram reservados. Esta reserva nos foi concedida por Deus por ocasião da nossa encarnação. Disseram-nos qual seria o nosso tempo de vida, e que este tempo poderia ser aumentado por meio de boas ações e vida espiritual, ou que poderia ser diminuído ao se adotar a dieta errada, ao se entregar a más vibrações, ingerindo álcool, drogas e nicotina, e assim por diante. Almas maravilhosas abreviaram suas vidas e, consequentemente, abriram mão da sua ascensão, de seu encontro final com Deus, pois não tiveram tempo suficiente neste mundo para concretizar os objetivos desta encarnação. Já outras esticaram suas vidas em dez ou 15 anos.

Em algum ponto ao longo da senda espiritual muitas pessoas diminuem a ingestão ou param de se alimentar com gorduras pesadas que possam carregar o coração e demais órgãos. Mas não basta a pessoa parar de se alimentar mal para que os vários órgãos do corpo sejam purgados das substâncias acumuladas devido à alimentação que já tiveram. Um importante aliado da mudança de dieta seria um bom programa de desintoxicação, apropriado para as condições atuais do corpo da pessoa. Um profissional da saúde pode ajudar a recomendar o melhor para você.

Quando a pessoa tem de cozinhar, pode ser mais difícil entrar em um programa de desintoxicação ou manter uma dieta saudável. Mas quando preparamos a própria comida, colocamos nela a nossa vibração, e também podemos optar por alimentos que são bons para o corpo. A dieta pode ser elaborada ou simples, mas o propósito ideal é construir e manter a saúde e a longevidade. Haverá momentos em que teremos de abrir exceções, mas tudo bem. Se por um lado não temos nada a ganhar transformando a exceção em regra, também não precisamos ficar fanáticos ou inflexíveis.

Muitas pessoas que ajustam as suas dietas passam por uma iluminação de consciência e um processo de cura do corpo. Aqueles que resolverem mudar de dieta deveriam considerar a ideia de tirar fotos antes e depois da mudança para acompanhar o progresso. E um ano depois tirar outra foto para ver o resultado das mudanças. E celebrar a vitória!

A alquimia de abençoar a comida

A transformação da matéria pela alquimia do Espírito Santo, através do ritual da Sagrada Comunhão, é bem presente e real. Podemos aplicar a mesma alquimia que se usa na bênção do vinho e do pão da comunhão para abençoar a comida e a bebida, bem como aqueles que a cultivaram e prepararam. Quando abençoamos a nossa comida com uma chama que vai até o núcleo de fogo dos átomos dela, nós carregamos a matéria e as moléculas com a energia do Espírito Santo.

Eis o ritual que uso para abençoar a comida e a bebida:

Coloquem a mão esquerda debaixo da comida e a mão direita sobre ela. Se estiverem abençoando uma quantidade grande de comida, podem colocar as mãos acima da comida ou voltar as palmas das mãos para a comida. Podemos fazer o mesmo com um copo ou qualquer quantidade do líquido que formos tomar.

Enquanto suas mãos estiverem em posição, peça à sua poderosa Presença do EU SOU e o seu Santo Cristo Pessoal para que desmagnetizem a comida e a bebida de impurezas, toxinas e poluições, e que a impregne com a luz de Deus e com as correntes da energia da cura específicas e necessárias para o corpo de todos que comerem desta comida.

À medida que continuamos praticando este ritual toda vez que comemos ou bebemos, perceberemos que recebemos muito mais do que os aspectos meramente nutricionais da comida. Quando começamos a pedir a desmagnetização das impurezas da comida, estamos pedindo que se esvazie o cálice molecular — que é o que a comida vem a ser — para que ela possa ficar impregnada da luz e da energia de que precisamos.

Jejum dos sentidos

A Bíblia e os escritos dos místicos mostram que, além de jejuar pela saúde, jejuar em busca de disciplina e sintonização espiritual já é uma prática espiritual estabelecida. Jejuar é uma forma de regular o corpo e a mente para que eles não sejam distraídos nem perturbados. Se formos falar com Deus na sua montanha sagrada, precisamos nos afastar e nos tornar um povo separado.

Em muitos sentidos, a nossa sociedade está viciada em ruído. Às vezes, as pessoas preenchem os espaços vazios dos seus dias com o aparelho de TV, o rádio ou simplesmente tagarelando. Além de comparecer a retiros espirituais, há práticas simples que podemos incorporar ao nosso dia a dia para tranquilizar a mente. Por exemplo, podemos resolver desligar a TV por um mês, ou parar de ficar absorvendo informações de noticiários e de programas de entretenimento o tempo todo. Ao desviar a atenção dos meios de comunicação e do entretenimento do mundo criamos uma abertura para descobrir e entrar em comunhão com o eterno dentro de nós.

A conversa fiada é frequentemente um dos maiores inimigos da nossa espiritualidade. Palavras inúteis despendem uma energia preciosa. Não só esgotamos nossa energia através de conversas excessivas como também eventualmente criamos carma ao dizer coisas das quais depois nos arrependemos, ou ao fofocar, falar mal das pessoas, com desprezo ou crítica, e assim por diante. Então não tenham medo dos momentos de silêncio nas suas vidas. Não tenham medo da solidão ou de períodos quando não temos ninguém com quem conversar. Fiquem a sós com Deus e descubram como é fortalecedor.

Muitos santos e místicos passaram por jejuns de voz, durante os quais não falavam por dias ou até por períodos mais longos. Há membros de determinadas comunidades monásticas que vivem em voto de perpétuo silêncio. No entendimento deles, falar consome energia. Na verdade, a palavra falada é tão poderosa que, quando a usamos mal, nos sentimos desgastados. Todos sabemos como nos sentimos depois de passar o dia inteiro falando sem parar — não sentimos vontade de falar mais nada de tão desgastados que ficamos. Ao passarmos por dias nos quais conversamos cordialmente com as pessoas, mas sem nos engajarmos em longas conversações, uma atrás da outra, o dia inteiro, conservamos o fogo sagrado dentro dos nossos centros de energia.

É importante também reservar um tempo para ficar em silêncio, bem como fizeram muitos místicos. Os mestres ascensos recomendam aos seus estudantes que façam jejuns de voz periódicos de um ou mais dias. Podemos usar a prática do jejum de voz para nos fortalecer, nos curar e nos elevar.

No nosso dia de silêncio devemos pendurar um papel na camiseta onde se lê "jejum de voz". Vocês vão ver que em muitas circunstâncias podemos fazer jejuns de voz até no trabalho. Levem com vocês uma prancheta apagável e um pincel atômico para escrever qualquer comunicação que seja necessária. Simplesmente passem um dia sem falar. Disciplinem-se e verão quanta energia têm gastado falando. Fiquem de ouvidos bem abertos para que se mantenham em estado de permanente atenção para a pequena voz interna — a voz de seu Mentor, seu Santo Cristo Pessoal.

Orações e meditações

Meditação no eu

Esta oração é uma afirmação do que somos quando nos esvaziamos de tudo que não seja Deus.

Não sou um mal da fantasia —
Visão clarividente do Espírito Santo, Ser!
Enaltece a minha vontade, ó Desejo que não deseja,
Chama ateada, fogo inspirado, arde!
Eu serei a maravilha do Teu ser,
Para saber o que só o botão da rosa supõe ser.
Aqui e agora, vejo uma nova esperança no luminoso amanhã;
Não restam mágoas, EU SOU livre!
Ó glorioso destino, a tua Estrela aparece!
A alma expulsa todos os medos
E anseia beber o néctar de uma nova esperança:
Toda a firmeza desperta na alma —
Cada vez mais EU SOU um só contigo.

Doce Entrega a Nosso Voto Sagrado

Deus não pode fazer mais do que o nível da nossa própria entrega a ele. Nesta oração, nós nos rendemos a ele e ao nosso Santo Cristo Pessoal como o Amante Divino das nossas almas, que nos recebe apenas para nos conduzir ao seu coração e nos aperfeiçoar para que atinjamos o objetivo de união completa com ele. É doce render-se. Nós nos rendemos alegremente a Deus e à plena participação no ser Divino. E ao nos rendermos, nos tornamos aquilo que sempre fomos.

Meditação sobre a Chama Divina:

Nossa vontade a Ti docemente entregamos,
Nossa vontade à Chama Divina rendemos.

Transformar nossa vontade na Tua,
Docemente prometemos.

Afirmação da Chama Divina fundindo-se com a chama do coração:

Na renúncia eterna não há dor,
Cumpra-se Tua vontade, ó Deus, ó Criador.
O véu dos nossos corações vem agora rasgar,
Das nossas vontades uma só gerar.

Alegria no Teu nome,
Beleza no Teu desígnio,
Meta de vida que se entrega
Respirando o sopro ígneo.

A graça que de Ti flui
Para esclarecer a humanidade,
As nossas almas imbui
De sementes de imortalidade.

Tua vontade seja feita, ó Deus,
Em nós, em toda a gente.
Tua vontade seja feita, ó Deus —
Ela é um sol vivente.

Confere-nos o Teu manto,
Tua veste de chama viva.
Vem, vem mais uma vez,
Revelar a essência criativa.

Tua vontade é sempre santa,
Tua vontade é sempre justa.
Este é meu propósito ardente,
Esta é minha oração vivente.

*Vem, vem, vem, ó vontade de Deus,
De mestria as almas dotar.
Vem, vem, vem, ó vontade de Deus,
A vida abundante restaurar.*

Decreto do Conta Até Nove

Este decreto tem ritmo de marcha. Da mesma forma que o ritmo de um exército marchando em sincronia pode derrubar uma ponte, o ritmo de um decreto pode criar uma força espiritual que quebra acúmulos de energia negativa, padrões de comportamento e carma indesejado.

Usem este decreto para controlar emoções fortes, para se alinharem, para fortalecerem sua obediência às diretrizes do seu Santo Cristo Pessoal. Usem-no para desenvolver a prática de cuidadosa ponderação, de considerar as ramificações das suas ações para com os demais e o efeito dominó que elas geram por todo o planeta. "Contar até nove" traz o controle divino à mente para que ela pense com lógica, sem sentimentalismo, de modo perceptivo. Usem este decreto caso se sintam mal-humorados, se estiverem tendo problemas para tomar decisões, ou se não souberem que caminho tomar. Antes de decretarem, peçam orientação ao seu Santo Cristo Pessoal.

Apesar de podermos usar este decreto à vontade, o exercício aqui descrito pede que ele seja dito nove vezes ao todo. Para começar, precisamos dizê-lo três vezes de forma lenta e intensa. Com este tipo bastante profundo de decreto, estabelecemos um potente campo de força, usando as palavras para construir uma casa, por assim dizer, na qual estamos seguros e em controle das nossas energias. A imagem de uma casa é uma boa visualização para se usar com este decreto.

Uma vez construída a casa, acendemos a chama de uma lareira ao aumentar a velocidade da próxima volta de três decretos enquanto visualizamos na lareira uma ardente chama violeta.

Agora a chama violeta está estalando. Enquanto dizemos a volta final de três repetições, devemos nos visualizar lançando na chama tudo que não é de Deus. Devemos ver a chama violeta a tudo consumindo, depois vê-la se expandindo e amorosamente nos envolvendo e preenchendo toda a casa. Devemos ver os anjos da chama violeta nos acarinhando, nos banhando, nos alinhando e nos concedendo tamanha paz eterna que poderemos nos voltar para qualquer pessoa em qualquer lugar e sermos os maiores pacifistas, pois teremos a paz de Deus no coração por meio da chama violeta.

Em nome da amada, poderosa e triunfante Presença de Deus EU SOU em mim, do meu amado Santo Cristo Pessoal, eu decreto que a paz e a harmonia se estabeleçam em todo o meu ser e mundo:

Vem agora, por amor divino,
Esta minha alma guardar!
Faz meu mundo todo Teu,
Luz divina em mim brilhar.

Conto um,
Está consumado!
Acalmem-se as emoções!
Dois e três,
EU SOU livre,
Paz de Deus nos corações!

Conto quatro,
Eu adoro
A minha Presença divina!
Cinco e seis,
Ó Deus, vem firmar
Sublime em Ti meu olhar!

Conto até sete,
Vem, ó céu,
Minhas energias submete!

*Oito e nove,
Sou Teu somente,
Vem envolver minha mente!*

*Luz de fogo branco agora me domina,
O turbilhão é banido!
Envolto em poder e luz divina
EU SOU pelo amor protegido!*

Aceito que isto se faça agora com pleno poder! EU SOU a realização disto agora mesmo com pleno poder! EU SOU, EU SOU, EU SOU a vida divina expressando perfeição de todas as formas e a cada instante. Isto que peço para mim, peço-o também para todo homem, mulher e criança neste planeta!

Iluminação

CAPÍTULO 9

Visões e revelações

No estágio da iluminação, a vida do místico se concentra inteiramente em Deus. Seu único desejo é estar com Deus e servir a Deus. Este estágio de profunda concentração e contemplação é frequentemente marcado por visões, êxtases, revelações, arrebatamentos e outros fenômenos. Diz o padre John Arintero: "Quem acredita que a vida do místico é sombria e tristonha, repleta de obscuridades inteligentes e juncada por cruzes não sabe o que vem a ser a verdadeira felicidade [...] Consolações indescritíveis e maravilhosas iluminações [...] combinam-se em meio a muitas provações."[1]

À medida que os mistérios são desvelados, o místico ganha nova perspectiva do seu relacionamento com Deus e com seus companheiros. Ele passa a sentir mais a Presença Divina. Sua alma galga novas alturas de alegria em comunhão com o Senhor.

Simeão, o Novo Teólogo, um poeta bizantino do século XI e santo da Igreja Ortodoxa, passou por arrebatamentos e visões. Sobre uma visão, Santo Simeão escreveu: "Que palavra pode descrever isto! [...] Vejo uma luz que o mundo não possui. Sentado no meu pequeno quarto vejo dentro de mim o

Criador do mundo e converso com ele e o amo e sou nutrido apenas pelo Conhecimento de Deus."[2]

Na minha interpretação, ele viu o Criador sentado no trono da câmara secreta do coração. Ele viu a chama trina, e a viu como Deus. E o Criador também falou com ele e o amou, e ele foi nutrido pelo Conhecimento de Deus.

Iluminação com compreensão absoluta

A mística do século XII, Hildegard de Bingen, descreveu como ela foi infundida com a luz da iluminação:

> No ano de 1141 [...] uma luz flamejante de grande brilho do céu aberto inundou por completo meu cérebro, meu coração e meu peito com uma chama que não queima, mas aquece [...] Eu imediatamente fui iluminada por completo entendimento e exposição de livros como Salmos e outros livros católicos, tanto do Antigo quanto do Novo Testamento [...] Eu não percebi estas visões em sonhos e nem dormindo, tampouco em transe, nem com o aparelho auditivo humano, e nem em locais escondidos mas, pela vontade de Deus, contemplei tais visões bem acordada e de forma clara, com a mente, os olhos e as orelhas do ser humano interno.[3]

Como Hildegard, outros místicos revelaram ter vivenciado Deus por meio dos sentidos espirituais que estão além dos sentidos físicos e do intelecto. Através dos sentidos espirituais, os místicos ouviram ou viram Deus Pai, Jesus, a Mãe Abençoada e os anjos. Joana D'Arc foi guiada pela voz de São Miguel Arcanjo. Francisco de Assis, ajoelhando-se perante uma imagem do Cristo crucificado na Igreja de São Damiano, ouviu o Senhor incitando-o: "Francisco, vá consertar minha casa" (a Igreja universal). Catarina de Siena conversou com Deus Pai em estado de êxtase e, enquanto estava neste estado, ela ditou seu tratado espiritual: "O diálogo". Esta obra foi ditada por Deus para Catarina, fielmente registrado pelas suas secretárias.

São Francisco de Assis, detalhe de um afresco de Cimabue

Reconhecer Sua presença

Outros místicos não tiveram visões, mas sem dúvida sentiram a Presença de Deus. Os últimos anos de vida de Teresa d'Ávila foram guiados por estas visões internas e por *locuções*, o termo usado por ela para descrever direções, revelações e repreensões de Deus. Teresa disse que jamais viu nenhuma das suas visões com os olhos do corpo e sim com os "olhos da alma",[4] e que apenas duas vezes ouviu mensagens de Deus com os ouvidos físicos. Ela explicou que, às vezes, "o Senhor coloca o que Ele quer que a alma saiba bem no fundo dela, e lá Ele revela isto sem precisar de imagens ou palavras explícitas".[5]

Orígenes de Alexandria observou: "Não achamos que Deus fala conosco de fora. Pois estes pensamentos sagrados que surgem no nosso coração, eles são a forma com que Deus fala conosco."[6] A mística do século XX, Madre Teresa de Calcutá, disse que abandonou o emprego de professora do colegial para trabalhar nas áreas pobres porque ouviu o chamado de Deus enquanto estava a caminho de um retiro anual em Darjeeling, na Índia. "A mensagem foi bem clara", ela disse. "Eu tinha de sair do convento e ajudar os pobres vivendo em meio a eles. Era uma ordem."[7]

São Bernardo de Clairvaux, um místico do século XII, disse ter reconhecido que Cristo entrou no seu coração somente pelo movimento do órgão. Ele escreveu:

Confesso [...] que fui frequentemente visitado pelo Verbo. Mas apesar de Ele ter entrado na minha alma em muitas ocasiões, eu jamais, em tempo algum, senti o momento preciso da Sua chegada [...] Ele está vivo e cheio de energia, e assim que Ele entrou em mim, despertou minha alma adormecida, animou e incitou o meu coração, que estava em estado de torpor e duro como pedra.

Foi [...] só pelo movimento do meu coração que eu pude reconhecer a Sua presença, e conhecer o poder da Sua força pela súbita evasão de vícios e a forte coibição de todas os afetos carnais.[8]

A descrição de Teresa d'Ávila sobre a sua primeira visão também é bastante instrutiva:

Estando em oração no dia em que se comemora o dia de São Pedro eu vi, ou melhor, senti o Cristo ao meu lado; não vi nada com meus olhos físicos ou minha alma, mas me pareceu que Cristo estava ao meu lado — eu vi que era Ele [...] quem estava falando comigo.[9]

Teresa disse que visões assim são "representadas por meio de conhecimento dado à alma mais claro que a luz do sol. Não quero dizer que se vê o sol ou claridade, mas sim que uma luz, sem que a pessoa veja luz alguma, ilumina o intelecto de modo que a alma possa aproveitar tal bem tão imenso".[10]

Ela acrescentou que esta visão de Cristo a ajudou a evitar desagradar a Deus, pois ela sentiu que Jesus estava sempre olhando para ela. A experiência mística, ensina Teresa d'Ávila, está aberta a todos. "Se a alma não decepcionar Deus", ela disse, "Ele jamais a decepcionará [...] em lhe deixar clara Sua presença".[11] Ela também disse que o místico está bastante ciente de que suas experiências são dádivas de Deus. Ele não pode produzi-las, ainda que possa se preparar para recebê-las.

Visualizar o Cristo interno

Uma das técnicas de Teresa d'Ávila para entrar em comunhão com Jesus era imaginar a figura de Cristo dentro de si. Esta é uma imagem perfeita.

Santa Teresa d'Ávila

Quem ela estava visualizando dentro de si não era só o Senhor Jesus, mas sim o Cristo Interno, seu Santo Cristo Pessoal. Em sua autobiografia, ela escreveu:

> Quando eu representava [visualizava] o Cristo dentro de mim para me colocar na Sua presença, ou mesmo quando estava lendo, era comum acontecer de eu sentir a presença de Deus vindo sobre mim inesperadamente e de um jeito que não tinha como eu duvidar de que Ele estava dentro de mim, ou eu totalmente imersa n'Ele. Isto não ocorria em forma de visão.[12]

Podemos também meditar na aura de Jesus, do santo ou mestre ascenso da nossa preferência como forma adjunta ao exercício de visualização do Cristo interno proposto por Teresa d'Ávila. Concentrando a nossa atenção, devemos visualizar uma luz brilhante ao nosso redor. Fazer isto pode nos ajudar a atrair a intensidade do nosso próprio esplendor crístico armazenado no Corpo Causal. Como os seres celestiais respeitam nosso livre-arbítrio, os santos e mestres não vão entrar sem que os convidemos. Então, além desta visualização, peçam a Jesus para entrar nos seus seres e limpá-los com os fogos do Sagrado Coração.

Jesus, eu convido a entrar no meu templo agora!
Por livre-arbítrio e por meu domínio divino, eu te dou as boas-vindas!
E eu abandono tudo, meu Senhor.

Também devemos ter em mente que, seja qual for o ser celestial com quem entremos em comunhão ou visualizemos, o resultado sempre será que seu Santo Cristo Pessoal também adentrará o nosso templo e se aproximará de nós.

Fenômenos e a senda mística

Teresa d'Ávila era cândida ao escrever sobre as visões, as locuções e os arrebatamentos. Ela disse que durante os arrebatamentos, sem ela conseguir resistir, a sua alma era levada para longe. Às vezes, o corpo dela levitava. A levitação, dizia Teresa, acontecia raramente, mas quando acontecia, lhe causava muita aflição, pois ela tinha medo de ficar ainda mais famosa. Certa vez, Teresa estava tomando parte em um ritual com algumas senhoras da nobreza e começou a levitar. Ela escreveu:

"Eu me estiquei no chão e as irmãs vieram me segurar; mesmo assim, todas viram. Eu implorei ao Senhor para não me dar mais [...] Ele teve prazer em me ouvir, pois, desde então, nunca mais passei pela mesma experiência."

Em seu "O diálogo", Catarina de Siena registrou esta instrução que Deus lhe deu sobre levitação:

"O corpo se levanta do chão por causa da perfeita união da alma comigo [Deus], como se o corpo pesado tivesse se tornado luz. [Isto não acontece] porque seu peso desapareceu, e sim porque a união da alma comigo é mais perfeita do que a união entre o corpo e a alma. E por esta razão a força do espírito unido a mim faz o corpo se levantar do chão."[14]

Hoje em dia existe uma tendência a equacionar misticismo com arrebatamento, êxtase, visões e até levitações. Mas os místicos cristãos frequentemente avisaram que o fenômeno não é o objetivo da senda mística. Eles dizem que é perigoso pedir a Deus para passar por estas experiências, pois ao fazê-lo ficamos abertos para projeções da nossa própria imaginação ou do demônio.

De acordo com a escritora J. Mary Luti:

Apesar de [Teresa] estimar os fenômenos místicos, ela também era cautelosa quanto a eles. Era cautelosa não só porque essas experiências podem ser forjadas [...] mas também e especialmente porque ela entendia que a vida mística implica muito mais do que estas experiências [...] Para Teresa, as marcas da verdadeira intimidade cristã com Deus vinham em primeiro e em último lugar, e sempre com os sinais de amor concreto: carregar a cruz [ou seja, o carma pessoal e planetário], servir ao próximo. A sensação não era o que ela buscava, e sim a transformação em Deus para o serviço a Deus.[15]

Em vez de se preocupar com os fenômenos, é com os milagres manifestos no dia a dia que deveríamos estar nos preocupando — os milagres de ter uma consciência cada vez maior de Deus. A meta é alcançar uma realização maior de Deus. Também é possível — e já aconteceu nas vidas de santos e videntes tanto do Ocidente quanto do Oriente — que ocorram manifestações como levitações, visões, revelações e estigmas. Muitos místicos demonstraram dons espirituais, como o dom de cura. Mas os maiores místicos do mundo sempre avisaram que não é bom se preocupar com os fenômenos, pois o objetivo da senda espiritual não é a manifestação de fenômenos, e sim a união com Deus.

A cozinha dos anjos, *de Bartolomé Murillo*

Orações e meditações

Tornar-se luz

A aura é uma emanação luminosa, ou campo eletromagnético, que cerca o corpo físico. Ela registra as impressões, os pensamentos, os sentimentos, as palavras e as ações do indivíduo e também regula e reflete a saúde, a vitalidade e a longevidade do corpo físico. A ciência já mostrou que toda vida senciente emite uma aura.

Na arte sacra, a aura é representada como um halo de luz brilhante ao redor da cabeça ou do corpo de Cristo, dos santos e dos anjos. À medida que a pessoa desenvolve a consciência de Cristo, sua aura começa a se parecer com a dos santos. A aura marca a circunferência do conhecimento que uma pessoa tem de Deus, e seu tamanho é diretamente relacionado ao nível do seu relacionamento com Deus. Quanto maior a aura de um indivíduo, mais Deus pode expressar sua consciência através dos planos da Matéria. Isto ocorre porque a aura é a coordenada no tempo e no espaço do Grande Corpo Causal de Deus.

Exercício para aumentar a luz da aura

Podemos usar esta visualização para selar a aura no começo de cada sessão de decretos, orações e meditação. Quando dizemos o decreto "EU SOU Luz", devemos sentir o profundo desejo da nossa alma de ser libertada. É por isto que decretamos — para libertar nossa alma. Decretemos com humildade e devoção, mas também com fervor, determinação e profundo desejo de fechar completamente o vão entre a alma e Deus. Quando assim decretamos, estabelecemos um poderoso campo magnético de proteção ao redor de nós mesmos, o qual se origina da Presença do EU SOU e afasta a discórdia e as energias negativas.

Sentem-se em algum lugar sossegado onde não serão perturbados. Visualizem a chama trina se expandindo dentro da câmara secreta dos seus corações. Sintam o grande amor da sua alma pela Presença Interna de Deus dentro de todos vocês. Projetem das suas profundezas devoção, amor, gratidão e adoração. Permitam que a alegria e a gratidão que sentem os conduzam de imediato a um nível vibratório mais elevado. Agora selem a si mesmos e suas consciências em um globo de fogo branco. Vejam seus corpos inteiros como se estivessem dentro de uma esfera gigante e radiante de fogo branco, nebuloso, mas ainda assim muito firme. Esta poderosa esfera de luz estará lhes selando para que possam meditar. Quando estiverem no coração da devoção, afirmem do fundo da chama trina e do fundo das suas almas, com total humildade e devoção:

"EU SOU Luz"

EU SOU luz, luz resplandecente,
Luz radiante, luz intensificada.
Deus consome a minha escuridão
Transmutando-a em luz.

Hoje EU SOU um foco do Sol Central.
Através de mim corre um rio de cristal,
Uma fonte vivente de luz
Que não pode ser corrompida
Por pensamentos e sentimentos humanos.
EU SOU um posto avançado do Divino.
A escuridão que se serviu de mim é consumida
Pelo poderoso rio de luz que EU SOU.

EU SOU, EU SOU, EU SOU luz.
Eu vivo, eu vivo, eu vivo na luz.
EU SOU a mais completa dimensão da luz;
EU SOU a mais pura intenção da luz.
EU SOU luz, luz, luz
Inundando o mundo aonde quer que eu vá,
Abençoando, fortalecendo e anunciando
O propósito do reino dos céus.

Enquanto visualizam o esplendor de fogo branco ao seu redor, não se concentrem nas suas supostas imperfeições e nem em outro erro de pensamento ou de consciência. Não deixem que sua concentração se volte para nenhuma qualidade ou condição negativa. Em vez disto, ao repetir este exercício regularmente, acabamos comprovando o que a luz pode fazer por nós. Podemos ver até mesmo como a aparência física se transforma, como se fortalece a saúde física, mental e espiritual.

Ó Chama de Luz Brilhante e Dourada

Usem este mantra para invocar a totalidade da iluminação divina do sol espiritual para dentro dos seus seres e de seu mundo, a todos inundando com a chama dourada da iluminação, compreensão, percepção e paz de Cristo, que emana da própria onisciência de Deus.

Ó Chama de Luz brilhante e dourada,
Chama maravilhosa de ser contemplada,
Em cada célula do cérebro brilhando
Na sabedoria da Luz tudo decifrando.
Fonte incessante de Iluminação flamejante
EU SOU, EU SOU, EU SOU a Iluminação.

CAPÍTULO 10

Experiências dos místicos

As experiências dos místicos nos dizem algo sobre a senda de união com Deus. Uma experiência que para mim representa o estágio iluminativo ocorreu na vida de Henry Suso depois que o anjo de Deus lhe mandou parar de infligir sofrimento a si mesmo, pois ele precisava progredir de outra forma. O que o seu biógrafo registrou foi o seguinte:

> Ocorreu certa vez que ele estava sentado no seu pequeno quarto [...] refletindo sobre questões espirituais. Enquanto ponderava sobre as maravilhas da Sabedoria Eterna, seus sentidos foram aquietados em estado de êxtase e lhe pareceu que um jovem principesco se aproximou e lhe disse: "Você já passou tempo suficiente no ensino fundamental. Está pronto para estudos mais avançados. Acompanhe-me, irei conduzi-lo à escola de pós-graduação espiritual [a escola mais avançada que existe no mundo],[1] onde você será instruído [...] Isto estabelecerá a sua alma em santa paz e lhe trará o seu reverente começo a um fim abençoado."
>
> [Henry] se pôs de pé pronta e alegremente e lhe pareceu que o jovem o tomara pela mão e o guiara [...] para uma terra espiritual [...] Após atravessar um prado, entraram no prédio de um colégio e fo-

ram recebidos de braços abertos pelos alunos. Quando o diretor da escola ouviu a comoção causada pelo seu futuro discípulo, disse em tom bastante profissional: "Antes de aceitá-lo como pupilo, preciso conversar com ele pessoalmente."

Após uma breve entrevista, o diretor da escola anunciou ao corpo discente: "Este aluno de graduação traz dentro dele a semente de um erudito de primeira classe. Mas se a semente vai germinar ou se perder, aí dependerá dele; se ele estiver determinado a ser pulverizado pela constante fricção do trabalho duro e das regras rigorosas, um doce fruto resultará da semente de seu eu morto."

[Henry], sem entender o significado destas palavras, virou-se para o jovem que lhe servira de guia e o questionou: "Caro companheiro, fale mais sobre esta escola de pós-graduação e sobre as matérias avançadas que lá se estuda."

"A ciência que se aprende nas escolas avançadas do sagrado", disse o jovem, "é tão somente uma completa e perfeita resignação de si mesmo, de modo que a vontade do homem seja tão perfeitamente equilibrada que a balança não penda nem para a direita, nem para a esquerda quando Deus o coloca em alegria ou sofrimento, diretamente ou por meio de criaturas. O homem precisa lutar seriamente para permanecer firme em sua máxima renúncia do eu — dentro do possível para a fraqueza humana — e olhar apenas para a honra e a glória de Deus, imitando assim a fome contínua do Cristo pela glória de seu Pai celestial".

Esta explicação satisfez [Henry]. Portanto, ele resolveu colocar isto em prática, a todo custo que fosse, e se submeter a todas as regras da escola [...] Após alguns minutos [Henry] voltou a si e se pôs a ponderar longamente sobre essas verdades que nada são senão a reiteração da própria doutrina de Cristo.

Sua reflexão encontrou expressão em autocensura: "Olhe para as secretas profundezas de sua alma e você verá que, não obstante todas as suas penitências externas, o orgulho e o amor-próprio ainda se levantam em rebelião quando você tem de suportar uma contradição por parte de outros. Você é como um coelho amedrontado se escondendo em um arbusto e tremendo toda vez que uma folha tremula ao vento. É assim que as coisas ficam com você: você evita sofrimentos que buscou. A visão de pessoas antipáticas lhe empalidece; você foge da humilhação, se regozija com elogios e evita a culpa. Faça o que pode agora e se inscreva na escola de pós-graduação espiritual."[2]

Universidades do Espírito

Esta maravilhosa experiência de Henry Suso na "escola de pós-graduação espiritual" fala das universidades do Espírito, centros de instrução para nossas almas enquanto os corpos se encontram adormecidos. Em retiros espirituais localizados no plano etéreo, ou mundo celestial, as almas podem perseverar na senda do autodomínio sob orientação dos mestres ascensos. Estes retiros já foram físicos em várias partes do mundo, mas desde então foram retirados para níveis mais elevados.[3]

À guisa de experiência no século XX, os mestres ascensos estabeleceram uma escola de mistérios aqui no rancho do Royal Teton, em Montana. O objetivo era trazer de volta à oitava física os mestres, seus ensinamentos e sua senda de união a Deus para que todos os portadores da luz do mundo que estejam preparados possam ter a oportunidade de se formar na escola terrena. Muitos buscadores espirituais percebem que esta é a encarnação em que devem fazer sua ascensão, e são atraídos para estes ensinamentos e para a nossa escola de mistérios, para os cursos da Summit University e os retiros trimestrais dedicados à comunhão com os mestres. Esses retiros reúnem pessoas de todos os estilos de vida, todas as religiões e origens espirituais para um objetivo comum — uma maior realização de Deus.

Instruções, repreensões e promessas

As visões e locuções dos místicos cristãos eventualmente incluem instruções específicas, repreensões e promessas. Por exemplo, Teresa d'Ávila disse que um dia Jesus mandou que ela estabelecesse um novo monastério. "Ele fez magnas promessas de que o monastério seria fundado", ela escreveu, "e de que, no monastério, Ele seria amplamente reverenciado. Ele disse que o nome do monastério deveria ser São José".[4]

No final, uma amiga e patrona entrou com o financiamento para que Teresa fundasse o monastério carmelita reformado de São José.

Em outra ocasião, Jesus repreendeu Teresa d'Ávila severamente por não ter conseguido escrever as percepções que Ele lhe concedera. Ele disse: "Não deixe de escrever o que eu digo; pois mesmo que não lhe beneficie, pode beneficiar outras pessoas."[5]

Vocês podem desenvolver a prática de escrever as percepções de Jesus, de seus mentores espirituais e do seu Santo Cristo Pessoal. Separem um horário regular para comunhão com Deus todo dia, nem que sejam quinze minutos de meditação e de oração falada. Para muitos, o momento logo antes de se recolher à noite é o ideal, pois não há distrações.

Comecem expressando gratidão. Também compartilhem suas preocupações e fardos. Peçam para que suas almas sejam ensinadas nos retiros etéreos enquanto os seus corpos dormem (vejam páginas 157-158). Deixem seu diário e uma caneta ou lápis na mesa de cabeceira para que, ao acordar, possam registrar as impressões, inspirações e instruções das quais se lembrarem. As respostas necessárias podem vir de pronto ou podem demorar um pouco. Registrem também os sonhos. Alguns sonhos são simbólicos, então peçam ao seu Santo Cristo Pessoal que os decifrem e lhes mostrem como aplicar suas lições às circunstâncias atuais.

Não concluam de imediato que suas impressões são absolutamente corretas e que são a palavra de Deus, mas escrevam o que lhes vier. Depurem o material. Descartem o que for implausível ou irracional. Adotem o que lhes parecer correto e consistente com o que entendem por ética e verdade. E então vejam o que ocorre nas suas vidas. Deixem que a experiência sirva para testar a precisão do que estarão aprendendo.

Livre-arbítrio, erros e ação iluminada

A próxima história, extraída da biografia de Henry Suso, *The Exemplar*, ilustra o que significa se entregar a Deus.

> Na festa seguinte da Assunção [de Nossa Senhora] ele recebeu outro vislumbre do paraíso, mas quando tentou entrar, um anjo o fez parar com as

palavras: "Desculpe, Irmão, mas você terá de pagar pelos seus erros antes de poder entrar." Sem grandes comoções, [o anjo] conduziu [Henry] por um caminho tortuoso para uma caverna escura, tão estreita que ele mal conseguia se virar. Largado sozinho nesta prisão, ele passou a noite se lamentando e sofrendo pela sua situação deplorável. Pela manhã o anjo retornou e lhe perguntou como se sentia.

— Péssimo, péssimo — choramingou [Henry].

— A Rainha do Céu está muito irritada com sua conduta — disse o anjo — e é por isso que você está preso aqui.

Impressionado com esta informação, [Henry] perguntou:

— Pobre de mim, e o que fiz para ofender Sua Majestade?

— Você se mostrou repetidamente indisposto a pregar em seus dias de festa — o anjo continuou. — E ontem, na festa de sua Assunção, você se recusou a pregar apesar de ter sido indicado para tal.

— Mas, caro anjo, isto é porque me considero indigno de render homenagens a ela, e sinto que os padres mais velhos podem fazer bem melhor do que eu, um pobre coitado — explicou [Henry].

— Juro para você — o anjo enfatizou — que Sua Majestade prefere suas palavras hesitantes do que a eloquência dos mais velhos.

Quase afogado em lágrimas, [Henry] disse sem pensar:

— Caro anjo, fale à Sua Majestade em meu nome que eu prometo jamais faltar em seus louvores.

O anjo sorriu, conduziu [Henry] para fora da prisão e lhe disse no caminho de casa:

— Tomando por base o que Sua Majestade me disse sobre você, digo que ela o receberá de braços abertos e se mostrará uma Mãe graciosa.[6]

Agora que ouvimos as consequências sofridas por Henry Suso por se esquivar da sua função, devemos todos nos considerar avisados de antemão. Muitos indivíduos, quando chamados a um serviço particular, se saem com desculpas como sugerir alguém melhor para realizar a tarefa, inclusive alegando não serem tão bem instruídos. Mas não precisamos ficar com medo de errar. Nós temos o direito de cometer erros. Por que outra razão Deus nos daria o livre-arbítrio? O livre-arbítrio é o grande e nobre experimento por meio do qual alcançamos a individualidade em Deus. Todo mundo, inclusive todos os estudantes na senda para se tornar Deus, tem esse direito.

Quando um mestre ascenso aceita um estudante, ele antecipa que o estudante cometerá erros ao longo do discipulado. O estudante aprende através da sua obediência ao mestre ou das próprias deliberações. Algumas deliberações conduzem a decisões corretas, enquanto outras resultam em conclusões equivocadas, e assim o estudante comete alguns erros e aprende.

O bispo William Connor Magee disse certa vez: "O homem que não comete erros não costuma fazer coisa alguma."[7] Portanto, não tenham medo de errar. Não são os erros que levam ao fracasso. O que leva ao fracasso é cometer o mesmo erro repetidamente, sem alcançar a raiz da razão pela qual fazemos o que fazemos. O inventor dinamarquês Piet Heins resume tudo da seguinte maneira: "Qual é a estrada para a sabedoria? Bem, isto é bem simples e fácil de dizer: errar, e errar, e errar de novo, mas menos, menos e menos."[8]

Adversidade e o alvorecer da iluminação

Os escritos de Colombo mostram que, durante suas viagens de descoberta nas Antilhas, ele passou por profundas experiências místicas que ilustram tanto o estágio purgativo quanto o iluminativo. Elas mostram as consolações que podem vir ao verdadeiro místico. Foi por ocasião de seu retorno à Espanha após descobrir o Novo Mundo que Colombo ouviu pela primeira vez a voz celestial que o confortaria ao longo da sua carreira. Durante sua terceira viagem, Colombo descreveu esta voz:

> No dia seguinte ao Natal, em 1499, depois que todos haviam me deixado, fui atacado pelos nativos e por cristãos inamistosos, e fui posto em situação tão extrema que tive de fugir em uma pequena caravela para salvar minha vida. Então o bom Senhor me ajudou, dizendo: "Ó homem de pouca fé, não temas, pois estou contigo." E [o Senhor] dispersou meus inimigos e me mostrou como cumprir meus votos.[9]

Durante sua quarta viagem ao Novo Mundo, Colombo teve de encarar provações implacáveis. Primeiro ele se viu em meio a uma tempestade tão severa que ele a chamou de "segundo Dilúvio". "Ficou tudo arrasado", ele escreveu, "tanto os barcos quanto os homens [...] Minha velha ferida voltou a se abrir e por nove dias eu me vi perdido, sem esperança de vida".[10]

Ele finalmente desembarcou e consertou as embarcações da melhor maneira que pôde, mas logo voltou a encontrar marés e ventos contrários. "Os barcos não servem mais para navegar, e a tripulação está mortalmente doente e sem forças", ele escreveu. Seus barcos foram com dificuldade até um porto seguro, mas os homens passaram um mês sem poder pisar em terra firme por causa de uma chuva incessante. "Não sei se outro homem sofreu tamanho tormento", disse Colombo.[11]

Mas as suas desditas não se encerraram aí. Os mantimentos da tripulação estavam acabando, e além disso eles encontraram uma tromba d'água, que segundo Colombo os teria afogado se eles não a tivessem "quebrado por meio da recitação do Evangelho Segundo São João".[12] Trombas d'água são essencialmente tornados que ocorrem sobre a água. Fortemente carregados de ar, duchas e névoa, eles pendem de uma nuvem como uma coluna ou um funil.

Colombo resolveu deixar oitenta homens para trás para fundar uma colônia e levar os demais de volta com ele para a Espanha. Mas quando estava partindo, ouviu os sons dos nativos atacando os homens na praia. Isto continuou por três horas enquanto ventos e ondas altas impediam que ele chegasse à praia para ajudá-los. Naquela noite, ele viu corpos flutuando na água na sua direção. Nesse momento de desespero, escreveu para o rei Fernando e a rainha Isabel:

> Eu estava do lado de fora e completamente sozinho nesta costa perigosa, com febre alta e extremamente exaurido. Não havia esperança de recuperação. Neste estado, sentindo dor, eu escalei até o ponto mais alto do navio e pedi socorro, tremendo e chorando, aos poderosos guerreiros de Sua Alteza, em todos os quatro cantos da terra, mas nenhum me respondeu.

Cristóvão Colombo

Após um longo tempo, grunhindo de exaustão, adormeci, e ouvi uma voz muito misericordiosa me dizendo: "Ó, tolo, tão lento em acreditar e servir teu Deus, o Deus de todos! Que mais Ele fez por Moisés e por Seu servo Davi?"

Ele tem tomado conta de ti desde que tu estavas no ventre de tua mãe. Quando Ele te viu já homem crescido, Ele fez teu nome ressoar grandiosamente pela terra. Ele te deu as ilhas da Índia, parte tão rica do mundo, e tu as dividiste de acordo com teu desejo. Ele te deu as chaves dos portões do Oceano, que eram contidas por correntes tão grandes [...] Volta-te para ele e reconhece teus pecados. Sua misericórdia é infinita. Tua idade avançada não haverá de te impedir de alcançar grandes coisas, pois muitos e vastos são Seus domínios.

Tu pedes ajuda com o coração em dúvida. Pergunta a ti mesmo quem te afligiu tão gravemente e com tamanha frequência: Deus ou o mundo? Os privilégios e as alianças que Deus dá não são por Ele tomados [...] Tudo que Ele promete Ele cumpre com vantagem; pois tais são Seus caminhos. "Portanto eu te disse", [falou a voz], "o que teu Criador fez por ti, e por todos os homens. Ele agora me revelou algumas das recompensas que te aguardam pelas muitas labutas e perigos que tu suportaste a serviço dos outros."

A tudo isto ouvi como se estivesse em transe, mas não tive resposta para mensagem tão convicta, só pude lamentar minhas transgressões. Quem quer que tenha falado, terminou dizendo: "Não tema, tenha fé. Todas estas atribulações estão escritas em mármore, e elas têm razão de ser."[13]

Estas são palavras importantes de se lembrar quando enfrentamos adversidades, quando não conseguimos compreender como Deus poderia fazer algo assim conosco, como pensou Colombo. "Todas estas atribulações estão escritas em mármore, e elas têm razão de ser."

De fato, não é Deus quem nos faz essas coisas, e sim nós que as causamos a nós mesmos. Circunstâncias adversas nos vêm ou devido ao carma que nos retorna, ou porque Deus permite que o mundo nos teste, pois também precisamos aguentar as perseguições do Cristo. Devemos suportar as intempéries da vida e reconhecer que Deus nos pôs neste mundo e que ele nos conduzirá até a outra margem se continuarmos lutando, se não nos deixarmos amedrontar pelo que dizem os outros ou pelo que jogarem no nosso caminho.

Saibam quem vocês são. Saibam o que vocês são. Saibam que Deus vive dentro de vocês. Lutem pelo que acreditam e não se deixem intimidar na busca pela missão das suas vidas. Sigam os passos de Cristóvão Colombo. Descubram um mundo novo para as pessoas, novas dimensões de ser. E quando tiverem feito a descoberta, deixem mapas e gráficos claros para que os outros possam entrar nesse mundo que vocês terão tão claramente definido nas suas meditações e na sua comunhão com Deus.

A Voz que disse "não tema, tenha fé" era uma voz de conforto e esperança. Era um raio de iluminação seguindo a purgação da noite escura dos sentidos. Esta experiência de Cristóvão Colombo é um marco nos anais da purgação e o alvorecer da iluminação de Deus que veio em seguida.

Orações e meditações

Proteção do raio azul

A cor azul simboliza a energia da proteção. O Arcanjo Miguel e seus anjos costumam aparecer vestindo armaduras de chama azul e cercados por intensa luz azul e branca que lembra a de um relâmpago.

Ao fazer este decreto para o Arcanjo Miguel, visualizem a si mesmos e seus entes queridos vestidos com a armadura de chama azul e cercados por luz. Ao longo do dia e antes de se recolherem à noite, relembrem esta imagem de Miguel e suas legiões lhes protegendo e aos demais de perigos físicos e de energias hostis.

Em nome de minha poderosa Presença do EU SOU e do Santo Cristo Pessoal, eu decreto para minha proteção, de meus entes queridos e de todos os filhos de Deus:

O raio azul é Teu amor,
A todos liberta Teu fulgor;
O raio azul é soberano
Em tudo vejo o Teu plano;
O raio azul é Tua mente,
Na pura verdade somente.

Refrão: A luz triunfará,
A luz nos unirá
Luz do sol de fogo azul,
Comanda agora, então,
Nossa libertação!

O raio azul é Tua essência,
Flameja em santa reverência
O raio azul é Tua ação,
Inflama o nosso coração!

O raio azul traz liberdade,
Vivo em Deus na eternidade.

A luz triunfará,
A luz nos unirá.
Luz do sol de fogo azul,
Comanda agora, então,
Nossa libertação!

E com toda a Fé eu aceito conscientemente que isto se manifeste, que se manifeste, que se manifeste! (3x) *Aqui e agora com pleno Poder, eternamente mantido, onipotentemente ativo, em contínua expansão e abrangendo o mundo inteiro, até que todos tenham ascendido totalmente na luz e sejam livres! Amado EU SOU! Amado EU SOU! Amado EU SOU!*

Oração para a jornada da alma às universidades do Espírito

Dezenas de milhares de almas viajam para as universidades do Espírito em seus corpos sutis enquanto os corpos físicos dormem. Ali, elas são instruídas em muitas áreas do conhecimento — ensinamentos espirituais e as profundas verdades de todas as religiões; a ciência da cura, matemática, música, as leis da alquimia e da precipitação; compreensão das complexidades da vontade de Deus na política, na religião, nos negócios, na economia e na educação, e outras áreas. Vários cursos oferecem instrução em assuntos como o domínio das emoções e dos desejos desordenados; invocar a luz para lidar com o carma, e ancorar os padrões etéreos de forma tangível para melhorar o dia a dia — padrões de autoconfiancia em Deus, na sagrada família e no governo divino.

Antes de dormir, faça a seguinte oração ou alguma das suas próprias. Invoquem o Arcanjo Miguel e o Santo Cristo Pessoal pedindo proteção e para que suas almas sejam acompanhadas em sua jornada de e para os retiros espirituais:

Amado Santo Cristo Pessoal, Arcanjo Miguel e anjos de luz, eu peço que me levem em minha consciência anímica às universidade do Espírito. Acompanhem-me, instruam-me, guiem-me e protejam-me. Peço que me preencham e me inspirem com a vontade de Deus e peço instrução em _____ [incluam seus pedidos pessoais aqui].

Eu peço que toda informação necessária para que se cumpra meu plano divino sejam liberadas por meio do despertar de minha consciência externa, como necessário. Eu agradeço e aceito que isto seja feito agora com pleno poder.

Sua mente consciente não vai necessariamente se lembrar de nada que vocês tiverem aprendido nas universidades do Espírito, mas a informação lhes chegará como inspiração e percepções.

CAPÍTULO 11

Iluminação por meio de Revelação

Muitos místicos cristãos experimentaram Deus como luz ou fogo. Uma das orações de Catarina de Siena diz: "Em sua natureza, Divindade Eterna, devo conhecer a minha natureza. E qual é minha natureza...? É o fogo, pois você nada é senão um fogo de amor. E você compartilhou esta natureza com a humanidade, pois foi pelo fogo do amor que nos criou."[1]

Frequentemente os místicos perceberam a Divindade como uma luz estonteante e ofuscante. Para alguns, o esplendor divino aparecia às vezes através de sua forma física. São Boaventura relatou certa ocasião em que o corpo inteiro de São Francisco ficou "envolto por uma nuvem brilhante".[2]

Henry Suso também teve uma vivência de Deus como luz. Sua biografia descreve que certa noite "ele ficou absorto em contemplação e lhe pareceu que o sol estava tentando escapar da prisão do seu coração. Ele abriu sua túnica e viu que seu peito estava repleto de radiância e tomado por uma cruz dourada incrustada com pedras preciosas cintilantes".[3]

Teresa d'Ávila sabia que estava cercada por um tubo de luz. Ela disse: "Eu vi uma multidão de demônios ao meu redor, e me pareceu que uma grande claridade me envolvia, o que impediu que eles me alcançassem. Entendi que Deus estava tomando conta de mim para que eles não conseguissem se aproximar e me fazer ofender a Ele."[4]

O Mestre Eckhart deixou este ensinamento sobre a aura daqueles que se uniram a Deus:

> Ele [...] que abandonou a si mesmo e a tudo que é dele, entrará em verdadeira e total fusão com Deus. Onde quer que o tocassem, se deparavam com Deus, pois ele está totalmente em Deus, e Deus o cerca da mesma forma que meu capuz cerca minha cabeça, e para me tocar é preciso primeiro tocar minha veste. E, de modo semelhante, quando eu bebo, o gole precisa passar primeiro pela minha língua, pois nela se prova o sabor. Quando a língua está revestida por amargor, por mais doce que seja o vinho, ele fica amargo ao passar por ela para chegar a mim.
>
> Sendo assim, aquele que abandona completamente seu eu fica tão completamente cercado por Deus que nada que já tenha sido criado pode tocá-lo sem passar por Deus primeiro, e lá ele adquire sabor e aumenta sua divindade. Por maior que seja uma tristeza, se ela vem pelo caminho de Deus, então Deus já a sofreu.
>
> Desrespeito se transforma em honra, o amargo fica doce e as trevas mais profundas se transformam na luz mais clara. Tudo adquire o sabor de Deus e se torna divino. Pois o que quer que aconteça com tal homem [cuja aura fundiu-se à de Deus] em Deus para ele se forma; ele não pensa em mais nada e não sente mais nada, e assim ele passa pela experiência de Deus em toda amargura, bem como em êxtase supremo.[5]

Os místicos jamais viram a felicidade humana como o objetivo da vida. A bem da verdade, eles veem a felicidade humana e o sofrimento humano como instrumentos que podem ser usados para impulsionar a pessoa em direção a Deus. Os místicos encaram a vida do ponto de vista da alma e se preocupam em instruir a alma, ajudá-la a equilibrar o carma e trazê-la mais para perto de Deus.

Muitos se perguntam por que Deus permite o sofrimento. Do ponto de vista do caminho espiritual, aguentar uma aflição não impede que um indivíduo faça progresso espiritual, e em alguns casos o tormento ajuda a alma a progredir. Pensem nos muitos santos que suportaram dores físicas terríveis. Suportar o próprio carma ou uma porção dos pecados do mundo desta maneira pode ser um sofrimento horroroso, mas impede que seus egos se inflem de orgulho e de idolatria da forma externa. E assim, em vez de lutar pelo aperfeiçoamento do templo corpóreo, transformam-no em um cálice para conter a luz de Cristo.

Transfiguração pela Luz divina

O escritor Sidney Spencer percebeu que, para os místicos da Igreja Ortodoxa, a experiência de Deus "se dá tipicamente como uma visão da Luz divina, que transforma e deifica a alma [ou seja, torna a alma uma só com Deus]". Spencer relatou:

> [São Simeão] contou de um jovem que recebeu uma visão da Luz [...] Enquanto estava rezando, "uma radiância divina fulgente desceu sobre ele e preencheu todo o recinto. Daí o jovem se esqueceu de que estava dentro um recinto e debaixo de um teto, pois por todos os lados só via luz [...] O amor e a fidelidade de seu coração para com Deus o levaram ao êxtase, e o transformaram completamente na Luz do Espírito Santo".[4]

A Luz divina que os místicos viram foi identificada em sua interpretação com a Glória de Deus que apareceu no [...] Antigo Testamento [como a visão de Moisés da Sarça Ardente] e que foi revelada aos três discípulos de Jesus na Transfiguração e a São Paulo na estrada para Damasco.

São Simeão

A Transfiguração foi particularmente enfatizada [...] Os místicos procuraram se identificar com Cristo em sua glória divina [...] Os santos orientais por diversas vezes se sentiram transfigurados pela Luz divina irradiada por Jesus.

O próprio [São Simeão] declara: "Estou tomado pela luz e pela glória; minha face brilha como a do meu Adorado, e todos os meus membros brilham com Luz celestial."[6]

Esculpir a imagem da cristicidade

As revelações sobre Jesus estão entre as iluminações mais impressionantes já concedidas a místicos cristãos. Os místicos viram Cristo em muitos papéis, inclusive de professor, guia, salvador, intercessor, mãe e noivo. Cristo apareceu para a santa peruana do século XVII Rosa de Lima como um escultor que a ensinou uma lição muito importante. John Arintero conta a história:

> Pouco depois de Santa Rosa de Lima ter vestido o hábito dominicano, nosso Senhor mostrou-lhe [...] uma visão maravilhosa. Ele se apresentou a ela para desposá-la, mas Ele veio na forma de um escultor e Ele a mandou dar forma a certos blocos de mármore. Como não podia realizar tarefa tão árdua, ela se desculpou dizendo que sabia costurar e tecer, mas não sabia esculpir.
>
> "Você acha", Cristo lhe perguntou, "que você foi a única que recebeu a ordem de se ocupar de tão rude tarefa?"
>
> Então, Ele mostrou a ela uma imensa oficina onde uma multidão de jovens mulheres realizavam a mesma tarefa. Com grande zelo e facilidade, elas usavam martelo e cinzel — e não agulhas. Para que o trabalho delas se acelerasse e as suas pedras se revelassem mais brilhantes, elas as aguavam com muitas lágrimas. Algumas das pedras ainda precisavam ser finalizadas, mas outras foram esculpidas com tamanha fineza e delicadeza que não se encontrava o mínimo defeito. Em meio a trabalho tão humilde, as jovens vestiam roupas vistosas e em vez de estarem cobertas de pó, resplandeciam de beleza sobrenatural.[7]

Jesus estava mostrando a Rosa de Lima que somos todos chamados a esculpir a imagem da nossa própria cristicidade. Arintero reflete:

Santa Rosa de Lima, *por Claudio Coello*

Somos essas pedras duras, cheias de impurezas e dureza, que precisam ser trabalhadas e polidas com grande cuidado. Todos nós somos chamados à mesma tarefa de trabalhar e aguar com nosso suor e nossas lágrimas esta pedra não polida da nossa natureza para transformá-la em uma obra-prima com a imagem de Jesus Cristo brilhando em perfeição.[8]

Em cursos nos retiros etéreos, os místicos modernos se esforçam para remover imperfeições e pontos endurecidos na sua natureza humana em preparação para a união alquímica da alma com o seu Senhor. Em certo retiro, estudantes são separados em grupos de cinco ou mais para pôr em prática projetos com outros indivíduos cujos padrões cármicos prevejam máximo atrito entre eles. Isto se faz para testar a coragem espiritual e determinação de se concentrar em Deus. Cada grupo permanece unido até que os membros entrem em harmonia em termos individuais e como uma unidade coesa. Por meio deste processo, as pessoas normalmente aprendem que os traços de personalidade que acham mais ofensivos nos demais indivíduos são os reflexos dos seus próprios piores defeitos, e que aquilo que uma pessoa critica na outra é a raiz da própria infelicidade.

Quando as almas que foram colocadas bem perto precisamente por terem se estranhado em outras vidas tiverem conseguido aparar suas arestas e alcançar a harmonia divina, poderão fazer cursos mais avançados que, a seu tempo, resultarão no casamento alquímico da alma com o seu Santo Cristo Pessoal e na sua união final com sua Presença do EU SOU no ritual da ascensão.

Jesus como intercessor

Em outra visão, Jesus apareceu a Rosa de Lima como Intercessor:

> Nas mãos do Senhor eu vi uma grande balança com pratos e esquadrões de anjos, chamativos com seus ornamentos festivos, que se curvavam diante da Majestade Divina [...] os anjos, tomando as balanças, começaram a colocar nelas aflições [...] Cristo interveio e assumiu a função de árbitro. Ele tornou a balança precisa, e das pilhas sobre os pratos distribuiu aflições às almas lá presentes, separando para mim uma quantidade pesada de adversidades.
>
> Depois, colocando novos pesos sobre os pratos, empilharam bênçãos sobre bênçãos, e quando os anjos se debruçaram para ler o peso, Cristo interveio novamente, só Seu braço onipotente foi capaz de realizar a tarefa. Ele marcou com exatidão, e com grande atenção dividiu entre as almas tantas bênçãos quanto aflições distribuíra antes. Para sua criada Ele distribuiu riquezas inestimáveis. Isto feito, o Salvador levantou Sua voz e disse com majestade: "Saibam que a graça corresponde à tribulação. Esta é a única verdadeira Balança do Paraíso."
>
> E quando eu O ouvi falar, senti vontade de sair correndo para a praça e dizer a verdade a todos. Minha alma quase saiu do corpo em seu ávido ardor [...] Pois ninguém se revoltaria contra esta pesada cruz se conhecesse a balança onde ela foi pesada.[9]

Na visão de Rosa de Lima, Jesus não alivia nenhuma aflição; ele as equilibra com bênçãos. Isto se mostra consistente com a promessa que Ele fez na ocasião em que Pedro lhe perguntou: "Nós abandonamos tudo e a ti seguimos; o que teremos então?"[10] Jesus respondeu:

> Em verdade vos digo que ninguém há que tenha deixado casa, ou irmãos, ou irmãs, ou pai, ou mãe, ou mulher, ou filhos, ou campos, por amor de

mim e do evangelho, que não receba cem vezes tanto, já no presente, em casas, irmãos, irmãs, mães, filhos e campos, com perseguições, e no mundo por vir a vida eterna. Porém muitos primeiros serão derradeiros, e os derradeiros, primeiros.[11]

Quando uma alma se entrega a Deus, o Senhor dá a esta alma muitas graças em troca. Muitos desistiram de tudo para servir a Deus e descobriram que tudo que Jesus prometera se concretizou, inclusive as perseguições. O papel do Cristo vivo é adjudicar o carma. Ele dá aflições à alma, que são o retorno do carma negativo, bem como bênçãos, que são o carma positivo. Além disso, ele dá sua graça para que a alma possa ser fortalecida para passar nos testes.

Em seu papel de Salvador, Jesus salva as nossas almas para que elas trabalhem a própria salvação. Ele nos ensina a carregar a cruz do carma enquanto a carrega por nós. E assim, quando estamos fortalecidos e repletos do fogo sagrado, ele nos devolve esse carma para nos dar dignidade de filhos e filhas de Deus, pois devemos ter a dignidade de carregar o próprio fardo. Uma vez tendo entendido isto, não iremos querer que seja diferente.

Jesus como Mãe

Uma das percepções mais interessantes do misticismo cristão é a representação de Jesus como Mãe. A mística inglesa do século XIV, Juliana de Norwich, registrou algumas das revelações místicas mais peculiares sobre a maternidade de Jesus Cristo. "Tão verdadeiro quanto o fato de que Deus é nosso Pai", ela escreveu, "é o fato de que Deus é nossa Mãe".[12]

Antes mesmo da época de Juliana, o conceito de Deus como Mãe já não era novidade para a tradição judaico-cristã. No Antigo Testamento e nos livros apócrifos, a Sabedoria é personificada como feminina.

O Evangelho de Mateus registra que Jesus aplicou a imagem da mãe a si mesmo quando lamentou por Jerusalém e se comparou a uma galinha que guarda os pintinhos debaixo de suas asas. Nosso Senhor observou que ele não foi recebido pelas pessoas de sua época como Mãe Divina. Ele olhou a cidade de um ponto alto e gritou:

"Jerusalém, Jerusalém! que matas os profetas e apedrejas os que te são enviados! quantas vezes quis eu ajuntar os teus filhos, como a galinha ajunta os seus pintinhos debaixo das asas, e tu não quiseste!"[13]

Eles não receberam Jesus como a Palavra Divina, a Palavra que é Feminina em Deus. E assim hoje em dia nós temos outra rodada e outra oportunidade de receber Jesus — não só como nosso irmão, mas também como nossa mãe.

No século XI, Santo Anselmo comparou Cristo a uma ama-seca dos fiéis e dirigiu a Jesus a oração: "Em verdade, o Senhor é minha Mãe."[14] Em "O diálogo" de Santa Catarina de Siena, Deus Pai disse que quando a alma se une a Cristo é como um infante que "repousa no peito da mãe, toma seu mamilo e bebe de seu leite por sua carne [...] A alma repousa no peito do Cristo crucificado [...] e assim bebe o leite da virtude".[15]

Juliana de Norwich deu mais um passo à frente em relação aos seus predecessores e desenvolveu uma teologia em torno da maternidade de Cristo. Cristo, ela percebeu, não nos concede apenas nascimento, mas renascimento. Juliana disse que "Deus Todo-Poderoso é o nosso Pai amoroso", "Deus todo sapiente é a nossa Mãe amorosa", e "Deus como Espírito Santo provê amor e bondade". Ela chamou a segunda Pessoa da Trindade, o Filho, de "nossa Mãe na natureza" e "nossa Mãe de misericórdia".[16] Ela explicou:

> Em nossa Mãe de misericórdia temos nossa reforma e nossa restauração [...] A gentil e amorosa mãe que sabe e vê a necessidade do seu filho o guarda com muita ternura [...] E sempre, quando o filho cresce em idade e estatura, ela age de forma diferente, mas não muda seu amor. E quando o filho fica mais velho, ela permite que ele seja castigado para destruir suas falhas e fazer com que ele receba virtudes e graças.
>
> Este trabalho [...] nosso Senhor realiza naqueles por quem ele é feito [...] Quando somos levados ao nascimento espiritual, ele usa de mais ternura, uma ternura incomparável, ao nos proteger [...] Ele desperta nossa compreensão, ele prepara nossos caminhos, ele alivia nossa consciência, ele nos conforta a alma, ele ilumina nossos corações [...] E quando caímos, rapidamente ele nos levanta com seu amoroso abraço e seu toque gracioso.[17]

🔥 Orações e meditações

Decreto do Tubo de Luz

Observem a impressionante semelhança entre a redação do "Decreto do Tubo de Luz" abaixo e a descrição de Teresa d'Ávila do "forte brilho" que a cercou e protegeu. Este breve decreto, usado diariamente, pode protegê-los de discórdias:

Presença do EU SOU tão amada,
Sela-me no Tubo de Luz
Da chama dos mestres ascensos
Em nome de Deus agora invocada.
Que ele liberte o meu templo
De toda a discórdia que me é enviada.

A chama violeta invoco agora
Para todo desejo consumir,
E arder pela liberdade
Até no seu fogo me fundir.

Decreto da Transfiguração

Aqui também devemos reparar nos paralelos entre a imagem no "Decreto da Transfiguração" e a visão da jovem que foi "transformada [...] inteiramente na Luz do Espírito Santo".

O esplendor do novo dia,
Em mim novas vestes tece;
Com o sol do entendimento
Todo o meu ser resplandece.

EU SOU luz por dentro e por fora;
A luz do EU SOU em tudo aflora.

> *Envolve, liberta e glorifica!*
> *Sela, cura e purifica!*
> *E transfigurado sou descrito:*
> *Estou brilhando como o Filho,*
> *Como o sol eu também brilho!*

"Venha a nós o Vosso Reino" — A oração do Cristo

Esta é a oração do Cristo em Jesus e em nós. Com ela afirmamos que os padrões na Terra devem ser estabelecidos de acordo com os padrões do Céu e que apenas a vontade de Deus deve ser feita na Terra e nas nossas vidas. Estamos exercendo a autoridade que Deus nos deu para comandar os recursos espirituais e materiais no seu nome.

> Nosso Pai, que o Teu reino seja manifestado agora. Acabem os insensatos atrasos e frustrações impostos pela ignorância e pelo espírito de vã competição; sim, porque estes separaram os irmãos e estilhaçaram a ideia totalmente inocente da fé — o Credo Divino — numa multiplicidade de setas de hostilidade mortal.
>
> Traz de cada canto da Terra e dos quatro cantos do Céu os espíritos dos justos aperfeiçoados pelo Amor; e que as suas ofertas e sacrifícios diários fluam agora como pura energia luminosa para abençoar a Tua habitação infinita. Porque também eles nasceram da Tua névoa resplandecente de fogo cristalino, que reflete em parte o rio do Teu resplendor invisível e que torna o Invisível Ser Sagrado visível para os Teus filhos.
>
> Que a Tua essência luminosa traga todos os homens a Ti e ao Teu propósito supremo, para que o Teu reino, que está chegando, se torne uma realidade através das muitas mãos que se oferecem em serviço suplicante à Tua Causa Sagrada, pelos muitos corações que batem em uníssono com o Teu, e pelas muitas mentes que veem a criação paradisíaca reaparecendo do lugar secreto do Altíssimo.
>
> Pois é o Teu amor que dá fruto no jardim das almas humanas e que as conduz docemente pela mão, pela porta direita e estreita do Teu reino de expansão infinita, onde os sentidos e defesas artificiais da humanidade se dissolvem no sol da Tua Luz e da Tua nascente iluminação.

Que a fraternidade, a paz e o progresso se tornem os marcos da mestria. Que a unidade de propósito seja assegurada e que as cidades desta terra se tornem as cidades de Deus. Que o planeta Terra por Ti inundado com as chuvas da Misericórdia Divina e regado com a abundância da Tua colheita de graça espiritual seja elevado agora às alturas da Realização Divina. Reúne as almas dos homens no Teu reino através das Tuas sagradas estações e ciclos de manifestação.

Há dois mil anos, sentado sobre o joelho de minha mãe, senti sua santa inocência fluir para a minha alma, restabelecendo a matriz da Maternidade de Deus, do mesmo modo que Tu Te exprimias na Tua presença sempre próxima, revelando-Te a mim como meu Pai Celeste. Que sejas o Tudo-em-todos para todos os homens. Que cada filho do Teu coração beba abundantemente do fluxo da imortalidade.

Que a grande semente do Teu Verbo, ó semeador de almas em expansão, seja de novo disseminada pelos campos do mundo! Que o Espírito Santo toque todos com a luz no cimo da montanha — sim, no cimo da realização. Que a liberdade seja disseminada nas nações e honrada nos Teus altares e que a liberdade leve em todas as brisas a doce aragem da herança divina.

Venha o Teu reino! Que a Tua vitória seja estabelecida! Que o Teu caminho seja claramente revelado! Que a Tua libertação chegue agora à família das nações! Decretamos que assim seja, e que Tu, Senhor, o estabeleças, de geração em geração, de agora em diante e para todo o sempre.

UNIÃO

CAPÍTULO 12

Noivado Espiritual

Mesmo com momentos de alegria, o estágio iluminativo é um mero preâmbulo para a esplêndida e perpétua união com Deus que se dá no estágio unitivo. Os místicos contam que a união da alma com Deus nesta vida deve ser o objetivo de todo cristão. Eles chamavam esta união de casamento espiritual, deificação, união transformadora ou divinização. A história deste conceito de deificação da alma remonta à antiga tradição cristã.

Muitos místicos entendem, a partir de suas experiências, que a alma tem natureza feminina e está destinada a ser a noiva de Cristo. Antes que o casamento espiritual possa ocorrer, todavia, a alma passa por um período de noivado, ou compromisso. Teresa d'Ávila explicou que, no noivado espiritual, a alma e o Amado estão "frequentemente separados", e a alma é privada da companhia constante do Senhor. Mas na união do casamento, "a alma permanece o tempo todo [...] com seu Deus".[1]

Durante o noivado espiritual a alma passa por testes e purgações para se preparar para o casamento com Cristo, mas ela também goza das delícias de Deus. Os místicos descreveram o noivado místico de várias maneiras e com diferentes elementos e ênfases. No processo de aperfeiçoamento da alma, Deus dá à alma aquilo que ela precisa.

Ao ler estas descrições do que os místicos vivenciaram durante o noivado espiritual, vocês perceberão reflexos de certos aspectos dos estados purgativo e iluminativo que são de fato refinamentos de processos de esvaziamento da alma de tudo que não é Deus.

Iniciações de amor dos místicos

Os místicos cristãos falam candidamente da união espiritual e das iniciações de amor que a precedem e acompanham. Santa Teresa de Lisieux disse que a partir dos 14 anos passou a sentir "ataques de amor" que a consumiam como uma "verdadeira chama".[2] Ela escreveu:

> "Eu estava no coro [...] quando me senti subitamente ferida por um dardo de fogo tão ardente que achei que fosse morrer [...] Não há comparação que descreva a intensidade dessa chama. Parecia que uma força invisível tivesse me ateado fogo [...] Mas oh! Que fogo! Que doçura!"[3]

Ela ficou tão inflamada por aquele amor de outro mundo que escreveu em sua autobiografia: "Ó Jesus [...] minha *vocação*, por fim a encontrei [...] Minha *vocação é o amor*."[4]

Um dos encontros mais famosos já registrados na literatura mística é o que chamamos de êxtase de Santa Teresa d'Ávila. Em uma visão, o Senhor mostrou a Teresa um pequeno anjo segurando um grande dardo dourado com a ponta em chamas. Ela disse:

> "Pareceu-me que este anjo cravou o dardo várias vezes no meu coração [...] Quando tirou [o dardo], pensei que estivesse me arrancando a parte mais profunda de mim mesma, e me deixou toda em chamas com o grande amor de Deus."

Jesus disse a Catarina de Gênova que estes dardos flamejantes "de um amor irresistível" são como "ondas de fogo [...] eles fluem de Meu peito", disse Jesus, "e transmitem tamanho ardor e poder interior ao ser

O êxtase de Santa Teresa, *por Bernini*

humano que ele não consegue fazer mais nada que não seja amar, mantendo-se inseparavelmente unido a seu Deus".[6]

Incapaz de expressar adequadamente o devastador amor que sentia por Deus, Catarina de Gênova disse apenas: "Se [uma gota] do amor em meu coração [...] caísse no Inferno, o próprio Inferno se transformaria e tomaria o rumo da vida Eterna."[7]

Não é esse o amor que todos buscamos? O amor que cura, o amor que, com apenas uma gota, transforma o mundo da pessoa. Pensem só no que poderíamos fazer se tivéssemos esse tipo de amor! Mas para ter esse tipo de amor, precisamos abrir completamente os nossos corações. E, como sabemos, nem sempre é fácil fazer isso. Devido aos ferimentos do passado, nos fechamos quando o amor fica muito doloroso. Nós, às vezes, temos de entrar em contato com níveis mais profundos de mágoa para superar as memórias dolorosas e assim seguir em frente.

A chama viva do amor

São João da Cruz falou do amor entre a noiva e seu divino Esposo como "a chama viva do amor". Ele usou a metáfora de uma tora de lenha em chamas para descrever a união mística que vivenciou:

Com o tempo e a prática, o amor pode receber mais qualidade [...] e se intensificar mais ainda. Temos exemplo disto na atividade do fogo. Apesar do fogo ter penetrado e transformado a madeira, unindo-a a si mesmo, enquanto este fogo fica cada vez mais quente e continua a queimar, a madeira fica mais incandescente e inflamada, chegando a soltar faíscas e chamas.

Deve ser compreendido que a alma que agora fala chegou ao grau de combustão e, portanto, foi transformada por dentro no fogo do amor e recebeu tal qualidade a partir dele que não está mais meramente unida ao fogo, mas produz uma chama viva.

E essa chama, toda vez que chameja, banha a alma em glória e a refresca com a qualidade da vida divina [...] Podemos comparar a alma [...] neste estado de transformação de amor com a tora de madeira que está sempre imersa no fogo, e os atos desta alma com a chama que se consome em chamas do fogo do amor. Quanto mais intenso o fogo da união, com mais veemência o fogo arde em chamas.[8]

São João estava falando da íntima experiência da chama viva do amor. Ele vivenciou Deus como amor e estava transformado por Deus por meio de uma vida vivida em perfeito e desapegado amor. Essa transformação das nossas almas por meio do fogo do amor é o que Jesus, os santos e os mestres transmitem quando vêm a nós. Eles vêm para acender o fogo nos nossos corações e nos ajudar a nos tornarmos um fogo que pode acender outros corações.

As feridas místicas do amor são, às vezes, fisicamente visíveis no corpo como os estigmas, marcas que lembram as cicatrizes de Jesus crucificado. São Francisco de Assis, que viveu no século XIII, foi a primeira pessoa que sabemos que recebeu os estigmas. Desde então, houve mais de trezentos autênticos estigmas, inclusive, no século XX, os de Teresa Neumann e do padre Pio. Milagrosamente, os corpos físicos de alguns portadores de estigmas rejuvenesceram e ganharam beleza após a morte, inclusive os corpos de São Francisco de Assis, Santa Catarina de Siena, Santa Madalena de Pazzi e Santa Rosa de Lima.

Catarina de Siena entendeu o que realmente significa imitar a vida de Cristo e recebeu os estigmas em 1375. Primeiro os ferimentos eram visíveis aos demais. Mas Catarina, preferindo viver a paixão de Cristo

Francisco de Assis recebendo os estigmas, afresco de Giotto

em segredo, orou humildemente para que as marcas ficassem invisíveis. Deus respondeu à oração e depois só ela era capaz de enxergá-los. Não obstante, ela continuou sofrendo a dor dos estigmas, o que lhe permitiu carregar uma parte da cruz do carma mundial.

Autoesvaziamento

Johannes Tauler disse em um dos seus sermões: "Na mesma medida em que um homem sai de si mesmo, Deus entra com sua graça divina."[9] Este é o grande mistério revelado por místicos de todas as religiões: para ser preenchido, é preciso primeiro se esvaziar. Para Deus habitar em si por completo, a pessoa precisa primeiro se esvaziar de tudo que não é Deus.

Eu oriento muitas pessoas quanto à sua falta de autoestima, quanto à imagem que fazem de si mesmas, e quanto a não se sentirem dignas aos olhos de Deus. Esta condição é muito compreensível quando a pessoa já teve uma visão gloriosa do EU SOU O QUE EU SOU. Ela vê Deus e a si mesma ao lado de Deus, e naturalmente pensa no tempo e na energia perdidos e nos atalhos que tomou, nos fardos e pecados. Para quem já passou por esta experiência, é normal comparar o que ela pode ser com o que ela é no presente.

Então se passamos por alguma experiência deste tipo e alguém vem nos dizer que não somos pessoas terríveis, e sim pessoas maravilhosas, isso quase interfere com o processo pelo qual Deus nos permite olhar para nosso eu inferior. Ele quer que vejamos os registros do nosso carma e as obras da nossa mente carnal. Ele nos traz à lembrança todas as coisas que possamos ter feito que ofendeu a vida nesta ou em outras encarnações. Isto se dá porque temos de ver e purgar, compensar os erros, superar e deixar tudo isso para trás. O que fomos, devemos reconhecer. E o que fomos, ao vermos com clareza, às vezes não correspondeu à beleza da nossa cristicidade.

Hoje e agora somos chamados a nos elevar. Jesus e Saint Germain nos deram a chama violeta. Ao invocarmos a chama com intensidade, veremos muita coisa passando por ela. Mas apesar de muita substância cármica poder passar pela chama, estas ofensas não desaparecerão automaticamente. Ainda temos de aprender a lição que Deus quer que aprendamos. E quando aprendemos, precisamos nos elevar. Que tremendo dom de graça Deus nos deu na oportunidade que temos de nos reunir ao Cristo vivo e ter a nossa chama trina intensificada e exaltada!

A noite escura do espírito

Antes do casamento espiritual, a alma passa pelo que São João da Cruz chamou de a noite escura do Espírito. Esta é uma iniciação avançada pela qual a alma passa apenas quando já internalizou um certo nível de cristicidade. São João disse que, durante este período, a alma sente que "Deus a abandonou, e, em sua aversão a ela, a lançou nas trevas". A alma se sente "castigada e exilada, e indigna d'Ele". "Parece até que todas as criaturas a abandonaram e condenaram, especialmente os amigos".[10]

São João descreveu a noite escura do Espírito como um "influxo de Deus na alma".[11] Com esta infusão de Espírito, Deus está:

> "Purgando a alma, aniquilando-a, esvaziando-a e consumindo nela (assim como o fogo consome o mofo e a ferrugem do metal) todos os distúrbios e hábitos imperfeitos contraídos ao longo da vida inteira [...] Deus abate a alma fortemente para que Ele possa em seguida exaltá-la".[12]

Este é um entendimento assombroso da noite escura do Espírito. Nenhum de nós jamais estará isento dela nesta senda. Todos devemos passar por ela. Quando a noite escura dos sentidos ou a noite escura do Espírito se abater sobre nós, será uma escuridão só. E tudo que deveremos procurar é o Cristo que já teremos assimilado nos nossos corações, nosso amor ardente pelo Salvador, nossa fé e confiança absolutas de que Deus nos ajudará e nos levará ao outro lado das trevas e da escuridão.

São João da Cruz e Teresa d'Ávila viveram quando não haviam padres ou prelados para aconselhar a grande quantidade de irmãos e irmãs que seguiam uma senda mística e que não entendiam os passos e estágios de seguir rumo à chama viva do amor e ser por ela rejeitado, de desejar entrar na câmara secreta do coração e de ser recusado pelo Santo Cristo Pessoal e por Jesus, que diz: "Volte e termine aquele teste de fogo, e aquela provação, e aquela purgação; você ainda não está pronto(a) para ser meu(minha) noivo(a)." Então estes santos escreveram sobre suas experiências para deixar um mapa detalhado para outros seguirem.

A noite escura do Espírito, então, deve vir para todos. Portanto, recebam-na bem. Preparem-se para ela. E passem por ela o mais rapidamente que Deus lhes permitir, o mais rápido que vocês souberem, ao aplicar os ensinamentos dos místicos que seguiram por esta senda antes de vocês.

O teste supremo

A culminação da noite escura do Espírito é a iniciação da crucificação. Que parte de nós é crucificada neste ato? Não é o eu externo; é o Cristo que está encarnado em nós. Jesus Cristo foi crucificado. Se ele não fosse o Cristo, ninguém teria se dado o trabalho de crucificá-lo.

Na medida em que permitimos que o Cristo se forme em nós e se intensifique cada vez mais, na medida em que temos a coragem de ser um Cristo e de querer Cristo de tal maneira que não nos importamos com o que o mundo faz a nós ou conosco, nós iremos para este lugar da crucificação. E com os ensinamentos dos mestres ascensos, podemos nos preparar para esta iniciação e passar por ela.

A crucificação é o teste supremo da cristicidade pessoal quando a alma é, digamos assim, separada da Presença do EU SOU e deve sobreviver tão somente com a consciência espiritual da energia de Deus, na energia de Cristo, que ela dominou e internalizou em todas as suas encarnações na senda. Ela deve ser capaz de manter esta Presença de Deus internalizada onde estiver, enquanto mantém o equilíbrio para o carma planetário, sem a ajuda da Presença do EU SOU no alto.

Esta é a iniciação pela qual Jesus passou na cruz. Mark Prophet costumava falar muito sobre esta iniciação nas suas palestras. E ele disse que esta é a explicação verdadeira sobre o porquê de Jesus ter subitamente gritado na cruz: "Meu Deus, meu Deus, por que me abandonastes?"[13]

O significado da iniciação mais elevada e mais difícil pela qual precisamos passar, antes de podermos chegar à ressurreição, é: precisamos já ter internalizado a Palavra que somos — precisamos ser uma identidade individual em Deus que é autossuficiente. E quando tivermos passado neste teste, também seremos um só com a nossa Presença do EU SOU.

Como conhecer Deus diretamente como o Eu

Alcançar a união com Deus requer a crença no ser divino. Não podemos alcançar o divino por meio do intelecto, das emoções, da imaginação ou de nenhum dos sentidos. Com estes, nós construímos pontes para Deus. Pensamos em conceitos. Imaginamos caminhos. Pensamos nisto, naquilo e no que vier a seguir. Rituais e exercícios são necessários até certo ponto. Mas quando chegamos à noite escura do Espírito, qualquer coisa que seja um meio para atingir um fim também é uma forma de se separar daquele fim. Em outras palavras: eu estou aqui, Deus está lá. Preciso do meu intelecto, da minha imaginação, dos meus sentidos para chegar a ele. Se eu não tiver nada disso, também elimino o tempo e o espaço; e meu amor por Deus é por Deus em mim, e não há mais separação.

Querer passar por isto, querer conhecer e perceber Deus diretamente, como o Eu, requer grande coragem. Implica vivenciar o corpo esférico e a consciência esférica, implica querer se afastar de todos os modos prévios de descobrir Deus. Esta é a prática dos contemplativos que acalmam todos os sentidos — dos olhos, das orelhas e da boca. Eles se fecham a tudo que seja externo para encontrar Deus. A questão é: nós amamos Deus o suficiente para abandonar todos os métodos estabelecidos, tudo que fomos programados e educados para usar com o objetivo de alcançar um equilíbrio mínimo na vida?

O grande tema na vida de Santa Clara de Assis foi se esvaziar para ser preenchida por Deus. Ela fez o voto de pobreza para criar um vácuo para que Deus a preenchesse. Destituir-se completamente é ser "pobre em espírito", ser aquele que vai herdar "o reino dos Céus". Ao não ter nada, criamos um vácuo que a natureza abomina. E a Natureza, enquanto Deus, preenche este vácuo.

Ter a mente tomada por memórias de coisas deste mundo que temos ou desejamos ter é o mesmo que ter um porão lotado. Preferimos procurar o preenchimento com esperança, e só esperança, com nossas almas esperando a chegada do Senhor. O Espírito Santo ilumina tais almas.

Então é por meio da purgação que vem a noite escura do Espírito para a alma que está, enfim, pronta para entrar na câmara nupcial.

Orações e meditações

Está terminado!

O Evangelho de João registra que as últimas palavras de Jesus na cruz foram "Está terminado".[14] Estas palavras não foram só para Jesus. Quando dizemos a oração "Está terminado!", estamos declarando que terminamos com as rodadas de geração de carma e com os emaranhados do mundo. Estamos nos posicionando e afirmando nossa identidade com o Cristo hoje.

"Está terminado" é uma afirmação de que a consciência humana, com todas as suas lutas, crucificações e julgamentos, terminou. Estamos comprometidos com um processo em andamento de alcançar a mestria divina, e cada vez que afirmamos "Está terminado!", estamos agindo de modo científico com Deus. Não é um evento único; renascemos diariamente. Temos velhos padrões de comportamento e nossas energias tendem a cair nesses padrões e a expressá-los novamente. Então, se queremos mudança, nos renovamos diariamente. Com Paulo, morremos e renascemos diariamente em um nível de consciência mais elevado.

Ao fazerem a seguinte afirmação, visualizem-se na hora da vitória, no ponto em que suas almas estão prontas para o casamento alquímico — a união das suas almas, ou casamento espiritual, com o seu Amado, o seu Santo Cristo Pessoal, e com Cristo Jesus:

Acabou-se!
Terminada esta contenda,
Torno-me um com a vida imortal.
Calmamente faço ressurgir as minhas energias espirituais
Do grande tesouro do conhecimento imortal.
Os dias que contigo conheci, ó Pai,
Antes que o mundo fosse — dias de triunfo,
Em que todos os pensamentos do Teu ser
Elevavam-se sobre os eternos montes da memória cósmica;
Vem de novo, enquanto medito sobre Ti.

Cada dia, ao evocar as Tuas lembranças
Do pergaminho do amor imortal,
Vibro de novo de emoção.
Padrões maravilhosos de contemplar-se enlevam-me
Com a sabedoria do Teu plano criador.
Com tanto cuidado e beleza sou feito
Que ninguém pode destruir o Teu desígnio,
Ninguém pode roubar a beleza da Tua santidade,
Ninguém pode desencorajar o pulsar do meu coração
Numa expectativa quase impaciente
De ver a Tua plenitude manifestada em mim.

Ó grande e glorioso Pai,
Como poderá um minúsculo pássaro criado na bem-aventurança
    hierárquica
Escapar à Tua compassiva atenção?
Eu valho mais que muitos pássaros,
E por isso sei que os Teus pensamentos de amor
Vêm até mim cada dia
Para me consolar na aparente solidão,
Para me dar coragem,
Elevar os meus conceitos,
Enaltecer o meu caráter
Inundar o meu ser de virtude e poder,
Manter a Tua taça de vida transbordante em mim
E para em mim viver para sempre
Junto da Tua Celestial presença.

Não posso falhar,
Pois EU SOU Tu mesmo agindo por toda parte.
Passeio contigo
Sobre o manto das nuvens.
Caminho contigo
Sobre as vagas e cristas da abundância aquática.

Movo-me contigo
Nas ondulações das Tuas correntes
Passando sobre os milhares de montes que compõem a crosta terrestre.
Estou vivo contigo
Em cada sarça, flor e erva.
Toda a natureza canta em ti e em mim,
Pois somos um só.
Eu estou vivo nos corações dos oprimidos,
Para elevá-los.
EU SOU a Lei que exige a Verdade do Ser
No coração dos orgulhosos,
Reduzindo ali a criação humana
E incitando à busca da Tua realidade.
EU SOU tudo o que traz bem-aventurança
A todos os homens de paz.
EU SOU a plena ductilidade da graça divina,
O Espírito da Santidade
Que liberta da escravidão todos os corações e promove a Unidade.

Acabou-se!
A Tua perfeita criação está dentro de mim.
Imortalmente encantadora,
Não pode ser privada da bem-aventurança do Ser.
Semelhante a Ti, ela permanece na casa da Realidade.
Sem nunca mais sair para onde há profanação,
Ela só conhece as maravilhas da pureza e da vitória.
Porém, agita-se neste fogo imortal
Um padrão consumado de misericórdia e compaixão
Que procura salvar para sempre aquilo que se perdeu
Por se ter afastado
Da beleza da Realidade e da Verdade.
EU SOU o Cristo vivo eternamente em ação!

Acabou-se!
A morte e os conceitos humanos não têm poder no meu mundo!

Estou selado, por desígnio Divino,
Com a plenitude desse amor crístico
Que supera, transcende e liberta o mundo
Pelo poder do três-vezes-três
Até todo o mundo triunfar em Deus —
Ascenso na Luz e livre!

Acabou-se!
A integridade é a Plenitude de Deus.
Cada dia aumentam em mim a força, a devoção,
A vida, a beleza e a santidade,
Vindas da mais bela flor do meu ser,
A rosa de Sharon, por Cristo consagrada,
Que abre as suas pétalas no meu coração.
O meu coração é o coração de Deus!
O meu coração é o coração do mundo!
O meu coração é o coração do Cristo curando!
Eis que estarei sempre contigo até o fim,
Até que com a voz do Amor Imortal,
Também eu diga: "Acabou-se!"

CAPÍTULO 13

O casamento espiritual da alma com Cristo

A descrição dos místicos do seu pacto de amor com o Amado produziu algumas das mais exaltadas expressões de amor que foram escritas. São João da Cruz escreveu sobre o contato íntimo e pessoal da alma com o Ser Divino:

> De tudo me esqueci,
> Minha face nele que veio para minha chegada;
> Tudo parou, e eu não era nem estava,
> Deixando minhas preocupações e vergonhas
> Em meio aos lírios, e olvidando-os.[1]

O casamento espiritual não é mera questão de se conformar aos caminhos e à vontade de Deus, mas uma total transformação da alma em Deus. Estas não são as minhas palavras. Foi assim, precisamente, que os místicos descreveram a união divina. São João escreveu: "[Quando] a alma é [...] levada e absorvida pelo amor, [é] como se ela tivesse desaparecido e se dissolvido em amor [...] passando do ego para o Amado."[2]

Este é o âmago do ensinamento que só é sussurrado: a alma que é transformada em Deus é Deus. Esta é a conclusão a qual os místicos inevitavelmente chegaram, mas relutavam em dizer por medo de perseguição.

O apóstolo Paulo estava se referindo ao caminho da união com Cristo quando disse: "Estou crucificado com Cristo: e já não vivo, mas o Cristo vive em mim."[3] Quando Cristo vive em nós, podemos dizer com Paulo que não vivemos (ou seja, que nosso eu inferior não vive mais), pois quando Cristo vive plenamente em nós, nos tornarmos um com esse Cristo e não resta mais nenhuma diferença entre nós — entre nossas almas e o nosso Santo Cristo Pessoal. A ligação se deu.

Este é o sentido de caminhar na Terra na condição de Ser Crístico, ou ungido. Nosso Santo Cristo Pessoal não se encontra mais no alto, como aparece na Imagem do Seu Eu Divino (página 47); ele desceu para ocupar seu físico. Aqueles que se uniram ao Cristo passam por todas as paixões que ele viveu na vida. Quando a pessoa quis ser crucificada com Jesus, não eram mais dois, e sim um só.

Em união indissolúvel com Deus

John Arintero diz que no estágio unitivo:

> A alma, indissoluvelmente unida com o Verbo encarnado, leva vividamente Sua imagem divina e parece ser o próprio Jesus Cristo [...] vivo na Terra.[4]

São Francisco de Assis, por exemplo, se dedicou tanto à imitação de Cristo que foi chamado de "outro Cristo".[5] No ato de união, disse Tauler, não há "nada na alma além de Deus".[6]

Teresa d'Ávila disse que a união da alma com Deus é

> como a chuva caindo do céu em um rio ou fonte; não há nada a não ser água, e é impossível dividir ou separar a água que pertence ao rio da água que caiu do céu. Ou é como se [...] em um quarto com duas grandes janelas por onde entra luz: ela entra de lugares diferentes, mas se torna uma.[7]

O místico espanhol Luis de León disse que quando a alma se une a Deus, ela "não só tem Deus morando dentro, mas se torna de fato Deus".[8] Santa Madalena de Pazzi, uma mística do século XVI, apelou ao Pai:

> Por meio da união e da transformação de Ti na alma e da alma em Ti [...] Tu deificas a alma. Ó deificação! A alma que tem a felicidade de chegar ao estado de se transformar em Deus, como uma esfera irradiando os raios do sol, se ilumina e resplandece como o próprio sol. Somos transformados em Tua própria imagem, de claridade a claridade.[9]

Estas são as palavras dos místicos cristãos e os ensinamentos dos doutores e patriarcas da Igreja. O objetivo da deificação — se tornar um com Deus ou, como dizem alguns místicos, de *tornar-se Deus* — faz parte da tradição mística cristã desde a época de Jesus Cristo.

Os místicos descreveram seu casamento espiritual com o Cristo de maneira bastante clara. Em 1730, o padre Bernard Hoyos ouviu anjos cantando "Eis que está chegando o noivo, vá recebê-Lo". Em uma visão ele viu Jesus, a Mãe Santíssima e muitos santos. Ele ouviu Jesus dizer: "Eu te desposo, ó alma amada, em eterno matrimônio de amor [...] Agora tu és Minha e Eu sou teu [...] Tu és Bernard de Jesus e eu sou Jesus de Bernard [...] Tu e eu somos um."[10]

Comentadores dos místicos cristãos repararam que os místicos homens desposados por Cristo às vezes vivenciam Cristo como Sabedoria ou Misericórdia, por serem estes atributos de Deus tidos como femininos. Jacob Boheme, por exemplo, se referiu ao casamento da alma com a Virgem Sofia, que significa Sabedoria.

A tarefa mais importante que temos nesta vida é buscar a união da alma com Jesus Cristo e por meio dele a união com o nosso Santo Cristo Pessoal para que, por meio desta fusão, nós jamais nos separemos do Cristo vivo.

Esta união precisa acontecer porque há muito, muito tempo atrás tínhamos esta ligação, mas permitimos que as serpentes e os anjos caídos nos afastassem do nosso Senhor. E assim perdemos aquela ligação e algumas pessoas perderam a chama trina. Por isso Deus enviou Jesus para nos salvar: porque não podemos salvar a nós mesmos. Não podemos al-

O casamento de Santa Catarina, *por Pierre Subleyras*

cançar essa ligação por nós mesmos. Jesus nos concede a salvação quando estivermos preparados. Podemos, contudo, nos prepararmos para ser a noiva d'Ele ao preencher todos os requisitos da Lei. E podemos ter fé em que, quando conseguirmos preencher esses requisitos, passaremos pelo casamento alquímico que os santos vivenciaram e descreveram.

Nós nos preparamos para a união com Deus por meio de orações e invocando a chama violeta, ao nos livrarmos de nossas imperfeições, ao nos doarmos em serviço a Deus e aos outros, ao nos livrarmos de coisas que simplesmente não nos importam mais. No final entendemos que nada mais importa senão a ligação da nossa alma a Cristo. E nós resolvemos que seremos unidos ao Cristo. Até isto acontecer, nossa alma não terá o dom da imortalidade. Nenhum de nós tem garantia de que vai ascender. Não temos garantido o lugar para onde vamos depois da vida, quando este corpo não mais nos servir. A única coisa garantida é que nossa alma se torna imortal através do noivado com Cristo.

Presentes do noivo celestial

Santa Teresa d'Ávila registrou que um dia, em 1572, Jesus lhe deu a mão direita e disse: "Observe este prego [quer dizer, a marca do prego]; é um sinal de que você será Minha noiva de hoje em diante [...] A Minha honra é sua, e a sua é Minha." Poucos anos depois, Jesus deu a ela um anel. Ela escreveu:

> Nosso Senhor me disse que, sendo eu a Sua noiva, eu devia Lhe fazer pedidos, pois Ele me prometera conceder o que quer que eu Lhe pedisse. E como demonstração disto Ele me deu um belo anel com uma pedra preciosa que lembra uma ametista, mas com um brilho muito diferente de qualquer ametista da Terra.[11]

Jesus também explicou a Teresa que, na verdadeira tradição do matrimônio, Ele poderia compartilhar com ela tudo o que é d'Ele — tanto as alegrias quanto os fardos. Ele disse a ela: "Qualquer coisa que seja minha é sua. Então lhe dou todas as provações e sofrimentos que suportei."[12]

Isto é verdade em qualquer casamento — a união está em compartilhar tudo. Perguntem a si mesmos se estão preparados para o seu Noivo. Estão prontos para as alegrias, para as tristezas e para os sofrimentos?

Teresa de Lisieux escreveu sobre um incidente na sua vida que se deu no dia em que ela recebeu o hábito de noviça. Como era costume, durante a cerimônia do Recebimento do Hábito, ela usou um vestido de noiva para simbolizar seu compromisso com Cristo. A história reflete sua relação simples e inocente com Jesus:

> Eu sempre quis que, no dia em que eu recebesse o Hábito, a natureza estivesse de branco como eu. Na noite anterior [...] a temperatura estava tão amena que eu já não tinha esperança de que nevasse. Na manhã seguinte, o céu continuara o mesmo. A celebração, contudo, foi maravilhosa.
>
> [Após a cerimônia], eu entrei novamente no convento e a primeira coisa que me saltou aos olhos foi a estátua do "pequeno Jesus" sorrindo para mim do meio das flores e luzes. Logo em seguida, meu olhar foi atraído para a neve: o jardim do monastério estava branco como eu! Quanta atenção da parte de Jesus! Antecipando-se aos desejos de Sua noiva, Ele lhe deu neve. Neve! Qual noivo mortal, por mais poderoso que seja, pode fazer nevar para agradar a amada?[13]

A meu ver, a história de Teresa exemplifica o que é chamar Deus, falar com Ele, contar a Ele o desejo de seu coração e depois esquecer o assunto completamente. Como demonstra Teresa, devemos estar prontos para que ele diga sim ou não ou fique em silêncio. Teresa simplesmente desejou em seu coração que nevasse. Ela jamais exigiu neve e nem esperou que Jesus atendesse a seu desejo de ter neve. E quando ela viu o chão branco de neve, entendeu como um milagre, e não como um direito.

Unir-se ao coração de Cristo

No estágio unitivo alguns místicos viveram uma ligação próxima de seus corações com o coração de Cristo. Durante os últimos dias de vida, Santa Gertrudes, uma freira beneditina do século XIII que tinha uma devoção especial ao Sagrado Coração de Jesus, viu Jesus abrir o coração com as mãos. Do peito de Jesus dispararam chamas que fundiram o coração dela ao d'Ele. Uma árvore luminosa prateada e dourada cresceu dos dois corações. Os galhos dessa árvore, carregados de belos frutos, cobriam aqueles por quem Gertrude rezara. Cristo disse a ela: "Esta árvore cresceu a partir da união de sua vontade com a minha."[14]

Uma mística chamada Irmã Bárbara ouviu Jesus dizer: "Tu és Minha e eu sou todo teu." Ela depois percebeu que ele colocara uma corrente ao redor do coração dela e a ligou ao seu próprio. Disse ela:

> A partir daquele momento eu estava tão ligada a meu Deus e a Ele unida tão de perto que só posso dizer de verdade que entre Deus e eu mesma não havia nada que não fosse uma só vontade.[15]

O adorado padre Pio escreveu uma carta sobre a profunda experiência de união com Cristo:

> Quando a missa terminou, eu continuei com Jesus em agradecimento. Ó, como foi doce o colóquio com o Paraíso naquela manhã. Foi tanto que, apesar de eu querer lhes contar, não consigo. O coração de Jesus e o meu próprio — permitam-me usar a expressão — se fundiram. Não eram mais

dois corações batendo, apenas um. Meu próprio coração havia desaparecido, como uma gota de água se perde no oceano. Jesus era seu Paraíso, seu rei. Minha alegria era tão intensa e profunda que eu não consegui mais suportar e lágrimas de felicidade escorreram pelo meu rosto.[16]

No século XIV, o místico Walter Hinto ensinou que, quanto maior o desejo por Cristo, mais forte a ligação que se cria com ele. Disse ele:

> Jesus está unido e atado à alma do homem pela boa vontade e por um grande desejo unicamente por Ele [...] Quanto maior o desejo, mais firmemente Jesus se une à alma; quanto menor o desejo, mais fraca a ligação. Então, qualquer espírito ou experiência que diminua este desejo pode impedir uma consciência mais firme de Jesus Cristo e afastar o desejo natural da alma de ascender para junto d'Ele.[17]

Temos de buscar Jesus com sofreguidão, assim como ele nos busca com sofreguidão. Ouvimos a inflamada intensidade de seu grito no salmista:

> Como o cervo anseia pelas correntes das águas, assim suspira a minha alma por ti, ó Deus! A minha alma tem sede de Deus, do Deus vivo. Quando entrarei e me apresentarei ante a face de Deus?[18]

Amor ativo, amor abnegado

O sinal mais importante da união mística com Deus é um amor ativo. De todos os estágios da senda mística, o estágio unitivo é o mais produtivo. O misticismo é uma atividade ávida e expansiva cuja força motriz é o amor generoso. Não é a imagem de alguém se recolhendo. É o ritmo ativo que produz poder, pois sua motivação é o desejo único — o desejo de amar a Deus e de ser Deus. "Se [...] teu olho for concentrado, teu corpo inteiro se encherá de luz."[19]

Os grandes místicos nos disseram várias e várias vezes não como especularam, mas sim como agiram. E na maioria dos casos eles nem disseram como agiram; ficou a cargo de outros registrar suas epígrafes.

Como descrevem os místicos, a transição da vida dos sentidos externos para a vida refinada do Espírito é um empreendimento formidável que exige constância e esforço. Seus símbolos favoritos são os da ação, batalha, procura, peregrinação, matrimônio. Para eles, a contemplação tranquila da vida é nada mais é do que a quietude externa essencial para o trabalho interno.

A escritora Evelyn Underhill observou que místicos antigos de destaque eram constantemente chamados de "atletas espirituais". Ela explica:

> Continua um paradoxo dos místicos que a passividade a que eles aparentemente almejam seja, na verdade, a forma mais intensa de atividade: mais, que onde ela estiver ausente nenhuma grande ação criativa pode se dar. Nela, o eu superficial se compele a ficar quieto, para que possa liberar mais o poder profundamente arraigado que é, no êxtase do gênio contemplativo, elevado ao mais alto espírito de eficiência.[20]

A mística francesa do século XIX, Elizabeth de la Trinité, disse que, no estágio unitivo, todos os movimentos da alma se tornam divinos: "Apesar de [os movimentos da alma] serem de Deus, eles são igualmente da alma", ela disse. "Para Nosso Senhor executá-los em e com ela."[21] Assim o místico se tornou instrumento vivo de Deus — o coração, a cabeça e a mão de Deus em ação. São Simeão expressou isto de forma eloquente em seus "Hinos de Amor Divino". Ele escreveu:

> Somos os membros de Cristo; Cristo é nosso membro. E minha mão, a mão da criatura mais pobre, é Cristo; e meu pé é Cristo; e eu, a mais pobre criatura, sou a mão e o pé de Cristo. Eu mexo minha mão, Cristo faz o mesmo, pois ele, em sua totalidade, é minha mão: vocês precisam entender que a Divindade é indivisível. Eu mexo meu pé — ele brilha ao fazê-lo.
>
> Não digam que eu blasfemo, mas confirmem isto e adorem a Cristo, que foi quem os fez assim. Pois vocês também, se quiserem, podem se tornar seu membro. E assim todos os membros de cada um de nós se tor-

narão membros de Cristo e Cristo será nosso membro, e ele fará belo e bem-formado tudo que é feio e deformado, adornando com o esplendor e a dignidade de sua divindade.

E todos nós nos tornaremos deuses, intimamente unidos a Deus, cientes de não haver manchas em nossos corpos, mas compartilhando plenamente a semelhança com todo o corpo de Cristo; assim cada um de nós terá tudo de Cristo. Pois a Mônada, quando se torna muitas, permanece a Mônada não dividida, mas cada parte é o todo de Cristo.[22]

Teresa d'Ávila ensinou que o resultado do matrimônio espiritual é que a alma fica "muito mais ocupada do que antes com tudo que pertence ao serviço de Deus". Toda a energia da alma que é casada com Cristo, diz ela, "se volta para a busca de formas de agradar a Ele, e para ver como e quando se pode mostrar o amor que tem por Ele. É para isto que se reza [...] e este é o propósito do casamento espiritual, que sempre origina obras, obras!", e "É trabalho o que o Senhor quer!".[23]

A própria Teresa levou uma vida de muita atividade, dedicando-se a reformar a Ordem Carmelita. Sua vida é o exemplo máximo de uma vida vivida em amor altruísta — e esta é outra forma de definir um místico. Ela viajou por toda a Espanha, estabelecendo 17 monastérios, e escreveu vários livros que se tornaram clássicos da literatura espiritual.

Na época e na cultura de Teresa, estas conquistas eram absolutamente notáveis. As mulheres eram consideradas naturalmente incapazes de aprendizados mais adiantados, além de mais suscetíveis às farsas do demônio. Dizia-se então que a mulher só devia sair de casa em três situações: para ser batizada, para se casar e morar com o marido, e para ser enterrada. Em 1970, Santa Teresa d'Ávila se tornou a primeira mulher tornada Doutora da Igreja.

São necessários muitos Cristos

Santa Catarina de Siena foi outra mística atuante. Catarina foi a segunda mulher a receber o titulo de Doutora da Igreja. O casamento místico de Catarina se deu em 1366, quando ela tinha 19 anos de idade. Enquanto ela rezava no quartinho de sua casa onde passara três anos reclusa, Jesus prometeu a ela: "Irei desposá-la em fé."²⁴ Ele lhe deu uma aliança de ouro com quatro pérolas e um diamante, e disse que essa era sua recompensa por desprezar as vaidades mundanas e desejar somente a Ele.

A vida de Catarina mudou imediatamente e ela começou uma carreira de serviço incessante. Ela saiu de seu quartinho para tomar conta dos pobres e dos doentes. Ela pregou, viajou muito e mandou centenas de cartas para prelados e soberanos da época, dirigindo-lhes conselhos e reprimendas. Em todo lugar que ia, levava uma revitalização espiritual.

Em "O diálogo", o registro das conversas de Catarina de Siena com Deus Pai, o Senhor ensinou:

> Quando a vontade da alma "tiver se unido [a mim] em perfeito e ardente amor", a alma "será outro eu, assim tornado pela união do amor".²⁵ "Você me conhecerá em si mesma, e deste conhecimento, extrairá tudo que precisa", disse Ele.²⁶

Jesus ensinou Catarina que sua união com ele tinha de dar frutos não só para ela, mas para as outras almas também. Ele disse que ela tinha de voar aos céus em "duas asas" — "amar a mim e amar a teu próximo".²⁷

Para Catarina, "amar ao próximo" consistia tanto na ação quanto na oração intercessora. Deus a instruiu "que não se passe um momento sem apelar pelos outros em minha presença, com voz humilde e oração constante".²⁸

Um dos registros das orações de Catarina dizia:

> Seu Filho não está para voltar, a não ser em majestade para julgar [...] Mas do meu ponto de vista, o senhor está chamando seus servos de cristos, e através deles o senhor quer libertar o mundo da morte e nele restaurar a vida.
>
> Como? O senhor quer que estes seus servos caminhem corajosamente pelo caminho do Verbo, com cautela e ardente desejo, trabalhando em sua honra e para a salvação das almas.
>
> Ó melhor dos remediadores! Dê-nos então esses cristos, que viverão em contínua vigília e em lágrimas e orações pela salvação do mundo. O senhor os chama de seus cristos porque eles são como o seu Filho unigênito.²⁹

Uma senda para hoje

Jesus revelou a Catarina de Siena que é necessário ter muitos Cristos. Todos nós somos Cristos em potencial, e o nível no qual o Cristo Pessoal se encontra em cada um de nós depende inteiramente de nós e dos atos que realizamos a partir desta profunda compreensão.

As práticas dos místicos cristãos não têm sido usada apenas há mais de 2 mil anos; elas remontam à vinda do Verbo com Deus no Princípio. A senda que seguimos hoje sob Jesus Cristo, Saint Germain e os mestres ascensos está solidamente embasada nas antigas tradições, não apenas dos místicos cristãos, mas de todos os avatares que já pisaram na Terra.

A senda mística é realmente uma senda prática para os dias de hoje. É prática porque aprendemos a contatar Deus e a descobrir nosso caminho de volta ao seu coração. É prática porque ela lida com as necessidades prementes do mundo. Como escreveu certa vez o Prêmio Nobel, Dag Hammarsköld: "Na nossa era, a estrada para a santidade passa necessariamente pelo mundo da ação."[30] Teresa de Lisieux expressou isto assim: "As almas que estão em fogo não podem descansar jamais."[31]

Por meio de nosso estudo do misticismo cristão, aprendemos algo sobre a senda praticada pelos santos e pelos mestres ascensos quando eles eram místicos caminhando na Terra. Nós aprendemos que muitos dos que fazem parte do Corpo Místico de Deus beberam dessa taça, ligaram-se a Cristo e se uniram a Deus. Por conseguinte, temos fé que nós também podemos beber desta mesma taça e alcançar o mesmo resultado: a união com Deus.

Orações e meditações

Oração para a Integridade de Cristo

Em nome da poderosa Presença de Deus que EU SOU e pelo poder magnético do fogo sagrado investido na Chama Trina que arde no meu coração, eu decreto pela integridade de Cristo em mim e em todas as almas de luz:

1. *EU SOU a Perfeição de Deus presente*
   No corpo, na alma e na mente —
   EU SOU o fluxo da divina Direção
   Para curar e manter tudo são!

   Refrão:
   Ó átomos, células, elétrons
   Nesta corpo que é meu
   Que a Perfeição do Céu
   Me faça como Deus!

   Espirais de unidade em Cristo
   Me envolvem em seu poder —
   EU SOU a Presença Mestra
   Que me manda só luz ser!

2. *EU SOU a imagem pura de Deus:*
   De Amor transborda meu ser;
   Retirem-se agora as sombras
   Para a bênção da Pomba descer!

3. *Teu raio de cura me envia*
   Bendito Jesus, Mestre amado;
   Tua vida do alto derrama,
   Que em teus braços eu seja elevado!

4. *EU SOU de Cristo a Presença,*
   Sol de cura e compaixão —
   EU SOU a Perfeição pura,
   Minha cura perfeita na mão!

5. *Preencho-me por completo*
   Da radiante Luz do EU SOU —
   Flui em mim toda a pureza
   Que tudo agora curou!

E com toda a Fé eu aceito conscientemente que isto se manifeste, que se manifeste, que se manifeste! [repitam esta frase 3 vezes antes de continuar] Aqui e agora com pleno Poder, eternamente mantido, onipotentemente ativo, em contínua expansão e abrangendo o mundo inteiro, até que todos tenham ascendido totalmente na Luz e sejam livres! Amado EU SOU! Amado EU SOU! Amado EU SOU!

A Minha Vida Te Pertence

Tudo o que pensara ser meu —
Meu nome, fama, contatos
   (medos e censuras) —
Tudo isso eu lanço na Tua chama;
E na luz da mestria
O meu resplendor crístico vejo agora
Descer do coração de Deus
Dádiva especial do Teu amor.

Descendo agora, a Tua Presença tão bela
Em resposta à minha humilde oração
Revela-Te como a luz em mim;
A Presença da Eternidade
Consente em honrar-Te no tempo

E voltar à posição que merece
Em que meus olhos contemplam a Tua face
Aparecer transcendente como a madrugada,
O brilho de uma manhã cósmica
Onde a doce renúncia nasceu
E a consagração vem até mim
Para ser eternamente como Tu.

EU SOU quem Tu és agindo aqui;
A Tua graça, ó Deus, surge em mim!
Venha o Teu reino — a minha vida Te pertence —
E assim triunfamos sobre o tempo!

PARTE TRÊS

Fórmulas de Transformação Mística

CAPÍTULO 14

Como tornar-se o coração, a cabeça e a mão de Deus

O mestre ascenso El Morya é um grande místico que, ao longo de várias encarnações, manteve devoção firme à vontade de Deus. Ele nos deixou uma série de decretos a que chamou de "Decretos de coração, cabeça e mão". Estes decretos representam os passos, ou estágios, nas disciplinas da vida de Jesus Cristo. Neles, El Morya nos deu determinada fórmula que é muito profunda e ao mesmo tempo muito simples. Eu lhes convido a fazer estes mantras enquanto explico os passos e estágios da sua união com Deus neles. E eu lhes convido a fazer deles os primeiros decretos a lhes vir ao coração todos os dias, assim que acordarem.

Purificação pela chama violeta

O primeiro estágio, "Fogo Violeta", consiste em três decretos curtos de purgação da alma e de purificação — para um jejum de alma por meio do coração, da cabeça e da mão. O "coração" compreende o chacra do coração que anseia em se tornar um com o Sagrado Coração de Jesus. A "cabeça" compreende os chacras da cabeça; o do terceiro olho, o da coroa e o da garganta. E a "mão" compreende os chacras dos raios secretos que estão nas mãos.

Quando a pessoa aceita a chama violeta como sendo Deus e a emanação d'Ele próprio, e o Seu nome EU SOU, e faz este decreto sentindo livremente a absorção da alma por Deus, ela pode então se tornar, em questão de instantes, como a metade inferior desta manifestação de Deus que forma um círculo completo ao se unir com a metade superior. Há uma parte de nós que é Deus. É a semente de luz. A Presença Divina está acima de cada um de nós. Nos separando da Presença do EU SOU estão o medo e a dúvida, os bloqueios psicológicos e o carma negativo. Mas estas coisas podem ser postas de lado em nossos momentos de meditação e podemos vivenciar a união. E então podemos ter mais determinação do que nunca para remover os bloqueios que nos impedem de ficar 24 horas por dia em união com Deus.

Ao fazer estes mantras, devemos visualizar a chama violeta flamejando pelo coração e pela cabeça e sendo liberada pela mão em ação. "Coração, cabeça e mão" é um ritual de fluxo de energia. Estes mantras aquietam as emoções. Eles integram a mente, o corpo e a alma. E servem para a realização do eu. Eles liberam as energias de vida.

Devemos dizer estas palavras como a oração mais profunda na qual nos dirigimos à chama violeta na condição de Espírito Santo, e falamos com a nossa Presença do EU SOU e Santo Cristo Pessoal. Ao fazer esta oração, sintam o potente e tangível amor e devoção de seu coração:

Coração

Fogo violeta, divino Amor,
No meu coração reluz teu fulgor!
És misericórdia em manifestação,
Mantém para sempre a nossa união.

Cabeça

Luz do EU SOU, Cristo em mim
Liberta a minha mente agora;
Fogo violeta, brilho sem fim,
Minha mente envolve nesta hora.

Deus que me dás o pão diariamente
Teu fogo violeta preenche minha mente
E com a tua celeste radiação
Minha mente se torna Luz em ação.

Mão

EU SOU a mão de Deus em ação,
A vitória sempre conquistando;
Minha alma pura com satisfação
O caminho do meio vai trilhando.

Nestes mantras usamos o nome de Deus "EU SOU", e quando dizemos "EU SOU" estamos afirmando "eu e o Pai somos um".[1] Jesus nos prometeu: "Eu virei outra vez, e vos levarei para mim mesmo, para que onde eu estou estejais vós também."[2] Isto significa que exatamente onde estivermos, exatamente onde entrarmos em comunhão com Deus, lá Deus estará.

O poder protetor da luz

O primeiro passo, a purificação, é de fato a lavagem com chama violeta dos nossos quatro corpos inferiores. Agora que vocês já fizeram isto com os mantras anteriores, é lícito invocar o tubo de luz. O tubo de luz é a extensão da Presença Divina ao nosso redor.

E assim como não nos prepararíamos para receber um convidado sem tomar banho e sem nos mostrarmos apresentáveis e com a casa arrumada, também devemos aguardar a chegada do SENHOR celebrando estes rituais necessários — neste caso, e mais importante ainda, com a ablução da chama violeta, a purificação que permite que sintamos a Presença de Deus no tubo de luz, e não só vê-lo como um tubo de luz branca leitosa em torno de nós.

Eu lhes convido a ficar de pé em honra da sua Presença Divina, onde quer que façam este decreto de invocação do tubo de luz. Vejam-se dentro de um cilindro de luz com cerca de três metros de diâmetro (ver página 47) que desce do coração de sua Presença Divina. Sintam que Deus está de fato descendo uma parte da Presença sobre vocês. Falem com a sua poderosa Presença do EU SOU ao fazer esta oração. Quanto mais estivermos em harmonia com esta Presença, maior será nossa cidadela de luz.

Quando ofereço esta oração, adiciono poder à devoção que expresso no decreto da "Chama Violeta". Isto porque a força do tubo de luz depende da sua visualização e da sua vontade. Quanta *vontade* temos? Quanta vontade e determinação fazem parte do nosso desejo de conhecer Deus e de sermos um só com Deus?

Seu tubo de luz é sustentado por seu nível de vontade e desejo de tê-lo, e por sua visualização. Eu visualizo cada palavra que digo neste decreto do tubo de luz com todas as forças do meu ser até que o tubo de luz esteja firme como aço ao redor de mim. Até que ponto queremos a proteção de Deus? Eis o quanto devemos projetar neste apelo. Mas não se esqueçam: é o amor que nos conecta a Deus e forma o tubo de luz ao nosso redor. Eu lhes convido a dizer a oração do tubo de luz com estes pensamentos em mente:

Decreto do tubo de luz

Presença do EU SOU tão amada,
Sela-me no Tubo de Luz,
Da chama dos Mestre Ascensos
Em nome de Deus agora invocada.
Que ele liberte o meu templo
De toda discórdia que me é enviada.

A chama violeta invoco agora
Para todo desejo consumir,
E arder pela Liberdade
Até no seu fogo me fundir.

Depois de invocar o tubo de luz, teremos estabelecido nosso campo de força com Deus e entrado em comunhão com ele. Os decretos são a melhor forma de conversar com Deus. Quando decretamos, estamos conversando com Ele. Se nossa mente estiver perambulando, olhando para os lados ou pensando no que vamos fazer depois de terminados os decretos, estaremos perdendo sua grande bênção. Pensem nos decretos como uma conversa íntima com Deus na qual expressamos a Ele as qualidades que desejamos fortalecer nas nossas vidas.

Perdoar antes de tudo

Antes de qualquer outra, dentre as qualidades de Deus, pedimos perdão. Jesus nos ensinou a rezar "perdoai-nos as nossas dívidas, assim como nós perdoamos aos nossos devedores".[3]

Ofereçam o seu perdão a todos ao fazerem o mantra do perdão. Onde quer que sintam que houve injustiça ou que lhes fizeram algo de errado, visualizem a chama violeta do perdão saindo do seu coração neste mantra da Palavra falada. Visualizem a chama do perdão entrando em contato com cada indivíduo com quem vocês já se desentenderam. Sintam muita paz, amor e resolução. Quando enviamos perdão, a vida de fato nos devolve perdão.

Antes de fazerem o mantra, talvez vocês queiram oferecer uma simples oração como a mostrada abaixo. Se houver qualquer discórdia na sua vida, nomeie o problema e as pessoas envolvidas e peça para que o fogo da misericórdia consuma a causa, o efeito, o registro e a lembrança de tudo que se interpõem entre Deus em você e Deus neles.

Ó Senhor, eu peço perdão por todos os pecados e por todo o carma. Eu peço que a chama violeta sirva a todos a quem eu tenha prejudicado e todos que tenham me prejudicado. Eu peço especialmente _____ [faça seus pedidos pessoais aqui]. Com absoluto perdão a todas as partes da vida, eu decreto:

Decreto do Perdão

EU SOU perdão aqui atuando,
Dúvidas e medos expulsando,

> *Com asas de cósmica Vitória*
> *Os homens para sempre libertando.*
>
> *Com pleno poder invoco agora*
> *O Perdão a toda hora;*
> *Toda vida sem exceção*
> *Envolvo com a Graça do Perdão.*

A vida abundante

A abundância é uma lei natural da vida, e Jesus sempre teve a fartura de todo bom e perfeito dom de Deus. Ele e seus discípulos nunca passaram necessidade, mas nunca viveram com excessos. Jesus veio para que nós também possamos ter a vida abundante. Deus prometeu nos prover infinitamente, então por que nem todos manifestam isto?

Jesus nos ensina que o medo e a dúvida são a causa básica da pobreza, a consciência da pobreza, e a penúria. Não podemos atrair fartura e suprimento se tivermos medos conscientes ou subconscientes. Deus nos deu os Dez Mandamentos para nos mantermos alinhados com a nossa Presença do EU SOU para que as comportas dos Céus possam se abrir e nos dar tudo de que precisamos.

Sair do alinhamento com Deus também pode bloquear os suprimentos e a fartura. As seguintes condições são algumas das coisas que podem nos desalinhar de Deus:

- Desobedecer as suas leis.
- Confessar um pecado ao seu Santo Cristo Pessoal, pedir perdão e se penitenciar pelo pecado, mas não desistir dele.
- Desejar coisas ilegais ou pelas razões erradas.
- Brigar e discutir com alguém e depois não fazer as pazes com a pessoa logo em seguida.
- Aceitar que haja discórdia em sua vida sem se esforçar para resolver o problema.
- Negligenciar amar a Deus com todo o coração, alma e mente, obedecer aos seus mandamentos e amar o próximo como a si mesmo.

O "Decreto da abundância" nos dá mais acesso ao suprimento porque nós já fizemos esse pedido com base no perdão total e absoluto de nós mesmos e de todos que já nos prejudicaram. Portanto, lembrem-se, se parecer que a resposta não chegou, primeiro devemos examinar nosso coração e nos alinharmos. Vejam se estão precisando de mais amor, de se perdoar mais ou de um laço devocional mais forte com Deus. Qualquer coisa que facilite a sua expressão da devoção, seja uma certa oração, uma canção ou um decreto, seja o que for que encha o seu coração de fogo por Deus, é válida. Mantenha sempre intensos seu amor e sua devoção.

Naturalmente, suprimento não significa apenas coisas materiais. São as riquezas do Espírito, o grande ensinamento de Deus, o suprimento de toda energia. A verdadeira fartura é a sensação de ser filho de Pai e Mãe ricos, a sensação de que eles nos amam e querem nos dar todas as suas riquezas. A prosperidade é a nossa verdadeira herança. Prosperidade é saúde, riqueza, felicidade, alegria, paz, fé, esperança, sabedoria e mais. É estar em sintonia com o fluxo do universo e conseguir aceitar a fartura de Deus. Declare sua liberdade ao falar com Deus por meio do seguinte decreto:

Decreto da Abundância

Estou livre do medo e incerteza,
Expulso agora miséria e pobreza,
Pois a abundância pura, estou ciente
Dos reinos do alto é proveniente.

EU SOU a Fortuna Divina em ação
Tesouros de Luz concedendo,
Suprindo aqui toda a provisão,
Abundância agora recebendo.

A matriz da perfeição

Jesus tinha consciência do mestre interno como um ser perfeito, mas não guardou esta lei de perfeição só para si. Ele ensinou que a lei que ele demonstrava estava à disposição de todos. Ele nos instruiu: "Sede vós, pois, perfeitos, como perfeito é o vosso Pai que está nos Céus."[4]

Fazer regularmente o "Decreto da Perfeição" ajuda a entender que podemos abraçar a lei da perfeição e as energias da perfeição que transformarão sua vida. Com este decreto, estamos invocando o perfeito plano divino e o padrão interno para as nossas vidas.

Decreto da Perfeição

EU SOU Vida, Divina Direção,
A Luz da Verdade brilha em mim.
Concentra aqui Divina Perfeição
Para que toda a discórdia tenha fim.

Mantém sempre a minha união
Com a Justiça do Teu plano —
EU SOU a Presença da Perfeição
Deus vivendo no ser humano!

Neste decreto estamos declarando que "Deus em mim é a vida da direção Divina". Não estamos apenas afirmando a presença divina dentro de nós, mas pedindo a Deus que inflame a sua luz da verdade em nós. No final do mantra, afirmamos que "Deus em mim é a presença da perfeição". Como combinamos esta afirmação com o nome de Deus, EU SOU, pela lei cósmica ela deve se manifestar de acordo com a vontade de Deus.

Ao fazerem estes mantras, pode ser que vocês se sintam se elevando aos poucos. Tenham essa impressão ou não, estarão literalmente ascendendo um pouco a cada mantra. O que cada um destes decretos faz é estabelecer a sua aceitação naquele plano. Cada decreto é um novo degrau. Quando fazemos estes mantras, cuidadosamente redigidos, com plena devoção, e quando também preenchemos os demais requisitos da Lei, então podemos subir o degrau seguinte. Dá até para sentir que estamos nos elevando, ficando mais leves.

Uma nova criatura em Cristo

O "Decreto da Transfiguração" é um dos mais importantes chamados que podemos fazer. Cada vez que fazemos este chamado, uma sutil mudança nos ocorre. Sempre que usamos este decreto, estamos mudando e sendo transfigurados. E por isso as forças das trevas que fariam oposição à nossa cristicidade jamais nos encontram. Isto porque a pessoa que fomos ontem não se encontra em parte alguma. Somos agora novas pessoas, com novas vibrações — novas criaturas em Cristo.

A chama da transfiguração faz isto. No momento em que vocês fizerem este mantra, sua vibração já será diferente da vibração que tinham antes de fazê-lo. Imaginem, se vocês usarem este mantra diariamente, como irão se transfigurar na imagem de Deus.

A cada mantra sucessivo, estamos atraindo para nós um grau maior de luz. À medida que ficamos mais sensíveis, vamos de fato sentindo esta luz se acumular dentro do nosso corpo. É possível que vocês comecem a sentir a ardência no coração, a mesma que os discípulos sentiram na estrada a caminho de Emaús, quando estavam perto do mestre e não o reconheceram. A ardência no coração indica a expansão da chama trina. É o fogo sagrado efetivamente consumindo as energias mal qualificadas de medo, ódio e motivações impuras que frequentemente envolvem o coração.

Existe muita alegria neste mantra de transfiguração, pois ele representa um influxo de luz pelo qual as próprias células do nosso corpo começam a ser preenchidas por luz, e são lavadas das suas toxinas físicas e emocionais. A alegria de fazer estes mantras é a alegria de se tornar Deus. Podemos fazer este decreto com coração puro como o de uma criança por nos sentirmos amados por Deus. Ao dizermos estas palavras, estamos dizendo ao Pai que uma mudança formidável está ocorrendo conosco, e que estamos felizes por ele nos ter concedido a graça de passar pela transfiguração.

Decreto da Transfiguração

O esplendor do novo dia,
Em mim novas vestes tece;

Com o Sol do Entendimento
Todo o meu ser resplandece.

EU SOU Luz por dentro e por fora;
A Luz do EU SOU em tudo aflora.
Envolve, liberta e glorifica!
Sela, cura e purifica!
E transfigurado sou descrito:
Estou brilhando como o Filho,
Como o Sol eu também brilho!

Restaurar a integridade

A ressurreição é um ressurgimento da energia de Deus através do nosso ser, através dos nossos chacras. Jesus restaurou a vida em seu templo trazendo as energias da ressurreição da Presença do EU SOU. Pela meditação da sua alma no seu Eu Superior, este cobriu o seu corpo até lhe restaurar a vida.

Comecem a sua ressurreição restaurando a sua consciência, alegria, felicidade, amor, verdade. Aumentem e acelerem a consciência divina dentro do seu ser até alcançar a vitória final que é a reunião da sua alma com Deus.

Ao fazermos este mantra, devemos visualizar uma luz branca surgindo através de nós, se elevando em nós como um fogo branco pulsante que vem de baixo dos pés até atingir a nossa consciência e os nossos chacras, criando um campo de energia que pode transformar doenças em saúde, depressões em integridade e ansiedade em alegria.

Decreto da Ressurreição

EU SOU a chama da Ressurreição
Luz de Deus em mim irradiando.
Em mim já não há mais escuridão,
Meus átomos estou agora elevando.

EU SOU a luz da Presença Divina
Vivendo a eterna Liberdade.
Da Vitória agora se aproxima
A chama divina da Eternidade.

Ascende-se todos os dias

Todo dia podemos celebrar nossa ascensão e saber que uma parte ínfima de nós está ascendendo toda vez que usamos o mantra da ascensão. Isto é absolutamente verdadeiro. Pensem nisto: vocês ascendem aos poucos. A ascensão é a aceleração da consciência até que no fim a alma se reúna com a Presença do EU SOU. Assim que começamos a fazer este decreto, estamos acelerando a luz branca de nossa aura, preparando nossa união final com Deus.

As pessoas que fazem estes mantras diariamente transbordam luz e alegria. Suas energias estão para cima — e isto não é coincidência.

Ao dizerem as palavras deste decreto, visualizem uma esfera de luz branca envolvendo-os por inteiro. Quando disserem "EU SOU o Cristo vivente", estarão afirmando que "Deus em mim é o Cristo vivente. E este Cristo, que estava em Jesus, agora se manifesta em mim como a plenitude da chama trina em meu coração".

Decreto da Ascensão

EU SOU a Luz da Ascensão,
Vitória fluindo livremente,
Todo bem obtive enfim
Agora e eternamente.

EU SOU Luz, não hás mais dor.
Novas alturas alcanço;
O meu canto de louvor
Com Poder Divino lanço.

> *EU SOU o Cristo vivente,*
> *O que ama eternamente.*
> *Ascenso e com Poder Divino,*
> *EU SOU um Sol resplandecente!*

Após concluir com os "Decretos do Coração, Cabeça e Mão", selem a ação de precipitação com um selo. Ao fazermos isto, a luz desce do Espírito para a matéria de forma mais tangível.

> *Aceito que isto se faça agora com pleno poder! EU SOU a realização disto agora mesmo com pleno poder! EU SOU, EU SOU, EU SOU a vida divina expressando perfeição de todas as formas e a cada instante. Isto que peço para mim, peço-o também para todo homem, mulher e criança neste planeta!*

A chave para sua união mística com Deus

O que eu gostaria de lhes dizer para concluir de forma simples o assunto dos decretos é o seguinte: eles são a chave da sua união mística com Deus. O que quer que decretem, decretem com vontade. Vocês receberão os maiores benefícios dos seus decretos quando literalmente derramarem a si mesmos e as energias dos seus seres nos decretos. Façam valer cada momento. Sim, até cinco minutos por vez bastarão, se entrarem em comunhão com total fervor e inflamada dedicação, concentrando a atenção apenas na Presença Divina, com amor por todas as hostes do SENHOR — sem distrações, sem devaneios, sem digressões, apenas comunhão total com Deus. Concentrem a luz de todos os seus chacras em seus momentos de comunhão com Deus.

Orações e meditações

Ó chama viva do amor divino

Ó chama viva do Amor Divino, colocamo-nos perante vós. Curvamo-nos perante vós como a Luz eterna. Amor Divino, vinde purgar nossa alma, iluminar nossa alma, unir nossa alma a Deus. Ó Deus, consome tudo o que não é real em nós! Ó vós, Luz Divina que sois Cristo em nós e em torno de nós, não só nos curvamos perante vós como internalizamos a vossa chama. Intensificai, ó Deus. Intensificai, ó Deus. Intensificai, ó Deus.

Ó Deus, nós invocamos a plenitude da cruz de fogo branco. Ó anjos da cruz cósmica, vinde ministrar-nos e ajudar-nos a concretizar o domínio de Deus neste local. Ó Luz poderosa, que possamos conhecer a plenitude da senda de nossa união mística com Deus. Despojai-nos das vestes da mortalidade, da densidade humana e da consciência humana. Ó Deus, recebei-nos. Vossa luz é uma luz ardente e brilhante para a vitória de todos os portadores de luz na Terra.

Vinde, Espírito Santo! Vinde, chama viva! Nós não conhecemos nada além de vós, ó Deus. Conhecer-vos de verdade é ser-vos em ação. Este é nosso verdadeiro chamado e a nossa razão de ser. Portanto, ó Deus, selai as nossas almas no vosso destino ígneo. Selai-nos em nome do Pai, do Filho, do Espírito Santo e da Mãe Divina.

Nós aceitamos a vossa Presença conosco agora. Nós a decretamos. Nós a acolhemos. Nós a aceitamos em nome de Jesus Cristo. Amém.

A Paz de Cristo

Que a paz de Cristo vos envolva
Que a paz de Cristo abunde em vós
Que a paz de Cristo esteja convosco
Que a paz de Cristo emane de vós
Que a paz de Cristo seja estabelecida na Terra
E que a Sua Chama em todos possa viver.

Meditações seráficas

Meditações seráficas

    Estas meditações devem ser feitas como as observações que um homem faria se tivesse atingido o nível de consciência dos serafins, os anjos de seis asas que Isaías viu pairando sobre o trono de Deus.[1] Elas podem ser feitas como orações por todos os que aspiram a tais níveis de glória.

    Escolham um momento em que possam ficar longe de distrações. Permitam que as meditações os levem a um local de profunda comunhão com o Divino. Antes de começar, ofereçam uma oração pessoal pedindo ao sagrado serafim que lhes ajude com a sua senda de purgação, de iluminação e de união — com sua senda para se tornar Deus.

    Contemplei os grandes anéis eletrônicos de fogo do Sol Central. Vi a sua superfície como ouro fundido, mesclado com azul celeste. O céu tornou-se um mar e emitiu um brilho suave como que de rosas de chama viva de tonalidade rosa suave, borbulhando sobre a superfície embaixo, translúcida e depois transparente; um núcleo de fogo branco pulsante, que subia e descia com um resplendor sagrado envolveu a minha alma. Tentei proteger os meus olhos da gloriosa maravilha que eu sabia ser a Realidade, o Infinito e um Amor sem fim.

Todo o Conhecimento, Poder e Amor que existiram desde sempre, sem princípio nem fim, estavam diante de mim. Vi a naturalidade do lar, dos amigos, da família, de tudo o que sempre existiu, existe ou existirá. Desta esfera gigantesca saíam anéis de glória interligados uns aos outros, estendendo-se pelo espaço, de galáxia em galáxia, de sistema estrelar em sistema estrelar, e o canto da música das esferas tocava as cordas do meu coração como um alaúde de fogo.

Eu ouvia a órbita das esferas aparentemente silenciosas e os tons dos fogos cósmicos, de mundos mortos e moribundos, mesclados com as novas, o eternamente novo, as crianças do espaço, sistemas interestrelares espalhando-se por desertos distantes onde as margens fracionárias se afastavam, embora permanecessem imersas no amor do Centro.

A minha alma estava separada de meu corpo, e compreendi que tudo o que havia sentido como laços sólidos de identificação com a consciência integral, "persistente", deixara de existir. Vaguei por nebulosas em espiral, por véus sutis de luz, pelos cabelos flamejantes dos serafins. Vi os lugares do sol e o girar de mundos vazios, e também de outros superpovoados com uma ordem progressiva de humanidade.

Compreendi a mensagem dos anciães e entendi que a consciência de uma criancinha é a consciência dos puros de coração. Entendi que os puros de coração veriam a Deus,[2] e que as sofisticações da terra seriam uma maldição para a minha própria realidade. O meu coração explodiu à medida que pedaços de gelo se derretiam e se convertiam num líquido quente que revivificava toda a esperança dentro dos meus ossos.

Ó Amor Divino, tu não deseja separar-me — nem por um instante — das experiências da eternidade. O último inimigo que há de ser destruído é a morte. Onde está, ó morte, o teu aguilhão? Onde está, ó morte, a tua vitória?[3] Não conheço agora nenhum laço que me afaste da Tua Presença. A Tua majestade comigo é todo homem comigo, e eu juntamente com todo homem sigo o caminho que conduz a Ti.

A consciência pode mover-se. Ela pode penetrar. Ela pode voar. Ela pode romper limitações. Ela pode libertar-se das amarras da vida e ir para o mar, a profundidade salobra onde as lágrimas salgadas da minha alegria são uma espuma de esperança, renovadas vezes sem fim. Alegro-me como nunca antes, e não me recordo das circunstâncias anteriores. Elas são de lado como finitas e triviais, como uma fantasia transitória da mente mortal.

Ocupo agora a minha consciência
Com os seres de fogo,
Com as hostes seráficas —
Vejo agora o desejo de Deus
De ser o mais intenso,
Reluzente resplendor branco —
Uma fornalha incandescente
Em cujo frescor me deleito.

Vejo as sombras e os véus
Do pensamento e da loucura humana
Derretendo-se e evaporando-se,
Desaparecendo no ar;
E tudo o que EU SOU está em toda parte
E em toda parte EU SOU.

Consome em mim a escória, Ó Deus,
A substância impura da relva,
O sombrio estado da fama mortal —
Consome tudo, Ó Poderosa Chama,
E toma-me pela mão agora mesmo
Leva-me à Tua Luz que resplandece.

A minha alma, como a mais bela e doce rosa,
Exala a fragrância da essência criativa.
Eis que EU SOU a minha própria Presença Divina —

Tomada da chama da Verdade,
Minhas energias vitais de juventude,
Minha força infinita é santa prova
De que, como Tu és, eu também serei —
Liberto de toda a impureza
Até que o Teu próprio rosto eu veja.

EU SOU o puro de coração,
Pois os puros de coração verão a Deus.
Ao dar as minhas mãos às legiões seráficas,
Eu sei que o mundo da ilusão, confusão,
Comercialização, Irrealização, intensa falsa modéstia,
E derrotista medo da Luz,
Eu atravessei!

Venci o medo e a dúvida.
Estou agora revestido
de uma veste tecida com o Sol —
Minha carne está vestida
Com uma Túnica Eletrônica Envolvente:
Que eletrifica toda a minha forma;
Renova a minha mente,
A minha identidade com o seu eu original,
E o resplendor dessa Estrela
Que está dentro de mim e na minha fronte
É um halo de esperança para as eras.

Submeto-me ao Teu domínio.
E tudo fica sob o meu domínio.
EU SOU o Senhor Teu Deus,
O Senhor Teu Deus EU SOU —
Pois entre as margens do nosso ser
Existe unidade.
A unidade da esperança que evoca
Uma liberação face a tudo o que não é real.

Por Tua graça, Ó Deus, sou levado a sentir
Sou levado a curar!
Sou levado a selar-me
E a selar tudo o que sou
Numa veste de luz eletrônica
Cuja impenetrabilidade, reluzente resplendor,
Brilhando na madrugada da eternidade,
Recusa-se a aceitar
Qualquer pensamento mortal
Que limite a minha alma,
Porque pela Tua graça eu sou curado.

Vim do seio da luz
E Contigo estou unificado para ver
Brilhando ao longo do século,
O correr dos anos, da luz
Do pralaya, *dos mantras, das orações,*
E dos ódios humanos terminados —
A celestial manifestação
Terrena de Deus
Elevada ao mundo celeste
Onde as correntes de ascensão,
Como essência eletrônica,
Em mim perseguem toda fenda escura
E intensificação da paixão mortal
Até estarem dissolvidas —
Colocadas em caldeirões de fogo violeta —
E purificadas como substância de luz resplandecente.

Ó Deus, aqui estou eu, aqui EU SOU!
Um só Contigo e a Teu serviço
Abre a porta da minha consciência
E deixa-me exigir como nunca o fiz
Que meu direito inato seja restaurado.

Teu filho pródigo a Ti voltou[4]
E anseia percorrer uma vez mais Contigo
Cada passo do caminho de volta ao Lar.

NOTAS

**Transformação em Cristo por meio da oração
pela Beata Angela de Foligno**
1. Angela de Foligno, *Complete Works*, trad. Paul Lachance (Mahway, Nova Jersey: Paulist Press, 1993), p. 287.

PREFÁCIO   Às Almas Ansiosas pela União com Deus
1. *The Book of Her Life*, 20.13, em *The Collected Works of St. Teresa of Avila*, trad. Kieran Kavanaugh e Otilio Rodriguez, 3 vols. (Washington, D.C.: ICS Publications, 1976-85), 1:133. Referências subsequentes a estes volumes serão citadas como *Collected Works*.
2. Raymond Bernard Blakney, *Meister Eckhart: A Modern Translation* (Nova York: Harper and Brothers, 1941), p. 180.
3. John G. Arintero, *The Mystical Evolution in the Development and Vitality of the Church*, trad. Jordan Aumann, 2 vols. (St. Louis, Missouri: B. Herder Book Company, 1949), 1:38, 23.
4. Ibid, p. 39, n. 68.
5. Mt 5:48. Todas as referências bíblicas usadas vêm da Bíblia do Rei Jaime.
6. A Summit University é uma escola de aprendizado pessoal transformativo na fronteira entre a religião, a ciência e a cultura. Sua programação inclui cursos on-line, seminários de fim de semana e programas mais extensos cobrindo em profundidade um ou mais tópicos em um ambiente espiritual peculiar.
7. *Book of Her Life* 20.10, em *Collected Works* 1:132.

8. Thomas Merton, *The New Man* (Londres: Burns and Oates, Continuum, 1976), p. 80.

CAPÍTULO 1   Uma Experiência que Transforma a Alma

1. Robert A. Vaughan, *Hours with the Mystics: A Contribution to the History of Religious Opinion* (1856; reimpressão, Kessinger Publishing, 1992), p.175.
2. Michael Cox, *A Handbook of Christian Mysticism*, ed. revista e aumentada (Grã-Bretanha: Aquarian Press, Crucible, 1986), p. 130; Arthur L. Clements, *Poetry of Contemplation: John Donne, George Herbert, Henry Vaughan, and the Modern Period* (Albany, Nova York: State University of New York Press, 1990), p. 16.
3. *Dionysius the Areopagite: The Mystical Theology and the Celestial Hierarchies* (Teologia mística e as hierarquias celestiais), (1949; reimpressão, s.l., Kessinger Publishing, 2003), p. 9.
4. Êx 3:13-15.
5. Êx 20:6.
6. Jo 14:15, 21, 23; 15:10, I Jo 5:3; 2 Jo 1:6.
7. Jr 23:5, 6, 33:15, 16.
8. Êx 3:14, 15.
9. De acordo com o escritor Philip St. Romain: "Não há nada nos ensinamentos cristãos que se compare ao conceito hindu dos chacras [...] Tampouco ninguém encontrará no cristianismo nada como a espiritualidade associada ao sistema do Yoga, que é feito para conduzir a pessoa pelos vários centros de experiência de união. Todavia, os chacras [e outras] experiências [...] podem ser identificadas em experiências de muitos, muitos místicos cristãos" (*Kundalini Energy and Christian Spirituality* [Nova York: Crossroad, 1991], pp. 74-75).
10. *St. Thérèse of Lisieux, Her Last Conversations*, trad. John Clarke (Washington, DC: ICS Publications, 1977), p. 102, *Story of a Soul: The Autobiography of St. Thérèse of Lisieux*, trad. John Clarke (Washington, DC: ICS Publications, 1976), p. 263.
11. Henry Thomas e Dana Lee Thomas, *Living Biographies of Great Scientists*, (Garden City, Nova York: Nelson Doubleday, 1941), p. 15.
12. Ibid. P. 16.

CAPÍTULO 2   Deus Habita Dentro de Você

1. I Co 3:16
2. Jo 14:23.
3. Rm 8:6, 14, 16, 17.
4. 2 Pe 1:4.
5. Sidney Spencer, *Mysticism in World Religion*, (1963; reimpressão, Gloucester, Massachussets: Peter Smith, 1971), p. 245; Meister Eckhart, *Sermons and Treatises*, trad. e org. por M. O'C. Walshe (Longmead, Shaftersbury, Dorset: Element Books, 1987), 3:107.
6. Joseph James, org., *The Way of Mysticism*, (Nova York: Harper and Brothers Publishers, s.d.), p. 64.
7. Oliver Davies, *God Within: The Mystical Tradition of Northern Europe*, (Nova York: Paulist Press, 1988), p. 48
8. Eckhart, *Sermons and Treatises*, 3:107.
9. Gl 2:20.
10. Gl 4:19
11. Cl 1:27.
12. Hans Urs Von Balthasar, org. *Origen: Spirit and Fire; A Thematic Anthology of His Writings*, trad. Robert J. Daly (Washington, D.C.: Catholic University of America Press, 1984), p. 270.
13. Spencer, *Mysticism in World Religion*, p. 250.
14. Ibid. p. 285
15. Ibid. pp. 286, 287.
16. Rm 8:26,27.
17. Êx 26:31-34; Lv 16:1,2; Hb 9:1-8; 10:14-22.
18. Mt 27:50, 51; Mc 15:37, 38; Lc 23:45,46.
19. Jo 1:9.

CAPÍTULO 3   O Renascimento da Senda Mística

1. 1 Co 2:6, 7, 9, 10, 16.
2. Is 55:1-3, 6-8, 11-13.

CAPÍTULO 4   Contemplação Mística e Oração

1. São João Clímaco, *The Ladder of Divine Ascent* (Mahwah, Nova Jersey: Paulist Press, 1982), p. 274.

2. *The Story of a Soul: The Autobiography of St. Therese of Lisieux*, org. T. N. Taylor (1912; reimpressão, s.l., CreateSpace, 2010), pp. 134, 133.
3. Francisco de Osuna, *The Third Spiritual Alphabet* (Nova York: Paulist Press, 1981), p. 45.
4. *Book of Her Life* 8.5 em *Collected Works* 1:67.
5. *The Way of Perfection*, 26.9 em *Collected Works* 2:136.
6. Holmes Welch, *Taoism: The Parting of the Way*, edição revisada (Boston: Beacon Paperback, 1966), p. 69.
7. Therese of Lisieux, *Story of a Soul*, org. T.N. Taylor (s.l., Biblio-Life, 2008), p. 166.
8. Walter Hilton, *The Stairway of Perfection*, trad. M. L. Del Mastro (Garden City, Nova York: Doubleday and Company, Image Books, 1979), p. 77.
9. Clímaco, *Ladder of Divine Ascent*, p. 280.
10. Arintero, *Mystical Evolution* 2:118, 119.
11. Êx 20:3; 5; 34:14.
12. *The Interior Castle* em *Collected Works* 2:283.
13. Ibid., 7.2.3; 1.1.3, pp. 433, 284.
14. Ibid., 1.1.7; p. 286.
15. *Saint Germain On Alchemy: Formulas for Self-Transformation* (Gardiner, Mont.: Summit University Press, 1993), pp. 350-52.
16. Spencer, *Mysticism in World Religion*, p. 227.
17. Geneviève of the Holy Face, *My Sister Saint Thérèse* (1959; reimpressão, Rockford, Illinois: Tan Books and Publishers, 1997), p. 104.
18. Brother Lawrence, *The Practice of the Presence of God, with Spiritual Maxims*, (Grand Rapids, Michigan: Baker Book House Company, Spire Books, 1967), pp. 12, 30.
19. *The Book of Her Foundations* 5.8, em *Collected Works* 3:119-20.
20. 1 Ts 5:17.
21. Ps 42:1-3, 9-11.

CAPÍTULO 5   Forjar a Cristicidade
1. *The Collected Works of St. John of the Cross*, trad. Kieran Kavanaugh e Otílio Rodriguez (Washington, DC: ICS Publications, 1973), p. 295.

2. *The Ascent of Mount Carmel* 2.5.7; 2.7.8, em *Collected Works of St. John of the Cross*, pp. 117, 124. (*Subida do Monte Carmelo* [Petrópolis: Editora Vozes, s.d.])
3. Ver Ez 1:4.
4. Evelyn Underhill, *Mysticism: A Study in the Nature and Developement of Man's Spiritual Consciousness*, 1911; reimpressão, Nova York: E.P. Dutton and Company, 1961), pp. 181-82.
5. Catarina de Gênova, *Purgation and Purgatory, The Spiritual Dialogue*, trad. Serge Hughes (New York: Paulist Press, 1979), p. 81.
6. 1 Co 15:31.
7. Catarina de Gênova, *Purgation and Purgatory,* pp. 79-80
8. Ibid., p. 29.
9. Ibid., p. 29-30.

CAPÍTULO 6   A Noite Escura dos Sentidos

1. E.W. Trueman Dicken, *The Crucible of Love: A Study of the Mysticism of St. Teresa of Jesus and St. John of the Cross*, (Nova York: Sheed and Ward, 1963), pp. 127, 223, 294, 258.
2. *Ascent of Mount Carmel* 1.2.1, em *Collected Works of St. John of the Cross*, p. 74.
3. Ibid.
4. Ibid., p. 75.
5. Dicken, *Crucible of Love*, p. 223
6. Mary Baker Eddy, *Science and Health with Key to the Scriptures* (Boston: First Church of Christ, 1971), p. 494. (*Ciência e saúde com a chave das escrituras* [s.l. Editora Renewed, 1995])
7. *Ascent of Mount Carmel* 1.13.11, em *Collected Works of St. John of the Cross*, p. 103.
8. F. C. Happold, *Mysticism: A Study and an Anthology*, edição revisada (Harmondsworth, Middlesex, England: Penguin Books, 1970), p. 359.
9. Jo 14:12.
10. Happold, *Mysticism*, p. 359.
11. *Ascent of Mount Carmel* 1.2.1, em *Collected Works of St. John of the Cross*, p. 94.

12. Lc 9:23; Mt 16:24.
13. Lc 9:23; Mt 16:25.
14. Gl 6:2.
15. Arintero, *Mystical Evolution* 2:126.
16. Gl 6:4, 5.
17. Heinrich Suse, *The Exemplar: Life and Writings of Blessed Henry Suso*, vol. 1 (s.l.: Priory Press, 1962), p. 38.
18. Jo 14.20.

CAPÍTULO 7   Uma Senda Acelerada para a Liberdade da Alma

1. Thomas R. Nevin, *Thérèse of Lisieux: God's Gentle Warrior* (Nova York: Oxford University Press, 2006), p. 271; http://www.ewtn.com/library/MARY/THERESE.HTM
2. Fritjof Capra, *The Tao of Physics*, 2nd. Ed. (Nova York: Bantam Books, 1984), p. 141 (O tao da física [São Paulo: Pensamento, 1983])
3. Dt 4:24.
4. Lc 3:16; Mt 3:11; Mc 1:7-8; Jo 1:33.
5. Is 1:18.
6. Mt 18:19, 20.

CAPÍTULO 8   Como Jejuar na Senda Espiritual

1. Clímaco, *Ladder of Divine Ascent*, pp. 256, 169.
2. *Francis e Clare: The Complete Works*, trad. Regis J. Armstrong and Ignatius C. Brady (Nova York: Paulist Press, 1982), p. 214.
3. Elias, o Presbítero, *A Gnomic Anthology* 1:57, em *The Philokalia: The Complete Text*, vol. 3, comp. St. Nikodimus of the Holy Mountain and St. Makarios of Corinth (Londres: Faber and Faber, 1984), p. 40.

CAPÍTULO 9   Visões e Revelações

1. Arintero, *Mystical Evolution* 2:43, 44.
2. Sergius Bolshakoff, *Russian Mystics* (Cisterian Publications, 1980), pp. 35-36.
3. Paul E. Szarmach, ed., *An Introduction to the Medieval Mystics of Europe* (Albany, Nova York: State University of New York Press, 1984), p. 164.

4. *The Life of Saint Teresa of Ávila by Herself*, trad. J. M. Cohen (Londres: Penguin Classic, 1957), p. 285.
5. *Book of Her Life* 27:6 em *Collected Works* 1:176.
6. Balthasar, *Origen: Spirit and Fire*, p. 234.
7. E. Le Joly, *Servant of Love: Mother Teresa and Her Missionaries of Charity*, (São Francisco: Harper and Row, 1977), p. 17.
8. H.A. Reinhold, ed., *The Soul Afire: Revelations of the Mystics*, (Garden City, Nova York: Doubleday and Company, Image Books, 1973), pp. 333-35.
9. *Book of Her Life* 27:2 em *Collected Works* 1:17430.
10. Ibid., 27.3, p. 175.
11. *Interior Castle* 7.1.8, em *Collected Works* 2:431.
12. *Book of Her Life* 10.1, em *Collected Works* 1:74.
13. Ibid., 20.5, p. 130.
14. Harvey Egan, *An Anthology of Christian Mysticism* (Collegeville, Minnesota: Liteurgical Press, Pueblo Book, 1991), p. 358.
15. J. Mary Luti, *Teresa of Avila's Way* (Collegeville, Minnesota: Liteurgical Press, Michael Glazier Book, 1991), pp. 10-11.

CAPÍTULO 10   Experiências dos Místicos

1. A expressão "a escola mais avançada que existe no mundo" foi emprestada de Ray C. Petry, org., *Late Medieval Mysticism*, (Filadélfia: Westminster Press, 1957), p. 259.
2. Seuse, *The Exemplar*, pp. 49-50.
3. Ver Mark L. Prophet e Elizabeth Clare Prophet, *The masters and Their Retreats* (Gardiner, Montana: Summit University Press, 2003).
4. *Book of Her Life* 32.1, em *Collected Works* 1:217; Cox, *Handbook of Christian Mysticism*, p. 163.
5. *Spiritual Testimonies* 48, em *Collected Works* 1:345.
6. Seuse, *The Exemplar*, pp. 107-8.
7. *The International Thesaurus of Quotations*, comp. Rhoda Thomas Tripp *(Nova York: Harper and Row, 1970)*, no. 86.8, p. 55.
8. *Barnes and Noble Book of Quotations*, rev. e en. (Nova York: Harper and Row, Barnes and Noble Book, 1987), p. 367.

9. Bjorn Landström, *Columbus* (Nova York: Macmillan Company, 1966), p. 152.
10. Ibid., p. 170.
11. Ibid., pp. 170-171.
12. Ibid., p. 171.
13. Ibid., pp. 172-73.

CAPÍTULO 11   Iluminação por meio da Revelação

1. *The Prayers of Catherine of Siena*, org. Suzanne Noftke 2. ed. (Nova York: Paulist Press, 1983), p. 104.
2. Spencer, *Mysticism in World Religion*, p. 213.
3. Seuse, *The Exemplar*, p. 14.
4. *Book of Her Life* 31.11, em *Collected Works* 1:207.
5. Reinhold, *Soul Afire*, p. 136.
6. Spencer, *Mysticism in World Religion*, pp. 225, 226.
7. Arintero, *Mystical Evolution* 2:97, nota 5.
8. Ibid.
9. Reinhold, *Soul Afire*, pp. 336, 337.
10. Mt 19:27.
11. Mc 10:29-31.
12. Louis Dupré e James A. Wiseman, edits., *Light from Light: An Anthology of Christian Mysticism* (Nova York: Paulist Press, 1988), p. 218.
13. Mt 23:37.
14. *Time*, 25 de maio de 1992, p. 23.
15. Catarina de Siena, *The Dialogue*, org. Suzanne Noffke (Mahway, Nova Jersey: Paulist Press, 1980), p. 179.
16. Dupré e Wiseman, *Light from Light*, pp. 216, 217.
17. Ibid, pp. 217, 220.

CAPÍTULO 12   Noivado Espiritual

1. Walter T. Stace, org., *The Teachings of the Mystics* (Nova York: New American Library, Mentor Book, 1960), p. 184.
2. Egan, *Anthology of Christian Mysticism*, p. 511.

3. *Souer Thérèse of Lisieux, The Little Flower of Jesus*, org. T. N. Taylor (Nova York: P. J. Kennedy and Sons, 1924), p. 195.
4. *Story of a Soul: The Autobiography of St. Thérèse of Lisieux*, trad. John Clarke (Washington, DC: ICS Publications, 1976), p. 194.
5. *Book of Her Life* 29.13, em *Collected Works* 1:194.
6. Arintero, *Mystical Evolution* 2:284.
7. Catarina de Gênova, *Purgation and Purgatory*, pp.16-17.
8. *The Living Flame of Love*, prólogo 3-4; estrofe 1 comentário, em *Collected Works of St. John of the Cross*, pp. 578, 580.
9. *The History and Life of the Reverend Doctor John Tauler, with Twenty-Five of his Sermons*, trad. Susanna Winkworth (1905; reimpressão, Kessinger Publishing, 2007), p. 290.
10. Arintero, *Mystical Evolution* 2:195, n. 41.
11. *Dark Night* 2.5.1, em *Collected Works of St. John of the Cross*, p. 335.
12. John of the Cross, *Dark Night of the Soul*, 2.6.5, 6., trad. E. Allison Peers (s.l.: Doubleday, Image Books, 2005), p. 68.
13. Mt 27:46;.
14. Jo 19:30.

CAPÍTULO 13   O Casamento Espiritual da Alma com Cristo
1. Evelyn Underhill, *The Essentials of Mysticism* (1920; reimpressão, Nova York: Cosimo, s.d.), p. 71.
2. *Spiritual Canticle* 26.14 em *Collected Works of St. John of the Cross*, p. 514
3. Gl 2:20.
4. Arintero, *Mystical Evolution* 2:38.
5. Egan, *Anthology of Christian Mysticism*, p. 215.
6. Vaughan, *Hours with the Mystics*, p. 175
7. Stace, *Teachings of the Mystics*, pp. 184-85
8. Spencer, *Mysticism in World Religion*, p. 254.
9. Michael Freze, *They Bore the Wounds of Christ: The Mystery of the Sacred Stigmata*, (Huntington, Indiana: Our Sunday Visitor Publishing, 1989), p. 206.

10. Arintero, *Mystical Evolution* 2:171, n.3.
11. *Spiritual Testimonies* 31, 34, em *Collected Works* 1:336, 337.
12. Ibid, 46, p. 344.
13. Thérèse of Lisieux, *Story of a Soul*, pp. 154, 155-56.
14. Mary Jeremy Finnegan, *Scholars and Mystics* (Chicago: H. Regnery Company, 1962), p. 205.
15. Arintero, *Mystical Evolution* 2:171, n. 3.
16. Eileen Dunn Bertanzetti, *Praying in the Presence of Our Lord with St. Padre Pio* (Huntington, Indiana: Our Sunday Visitor Publishing, 2004), pp. 67-68.
17. Hilton, *Stairway of Perfection*, p. 76.
18. Ps 42:1,2.
19. Mt 6:22; Lc 11:34.
20. Underhill, *Mysticism*, p. 50.
21. Spencer, *Mysticism in World Religion*, p. 255.
22. Martin Buber, comp., *Ecstatic Confessions: The Heart of Mysticism*, org. Paul Mendes-Flohr, trans. Esther Cameron (Syracuse, Nova York: Syracuse University Press, 1996), pp. 38-39.
23. *Interior Castle* 7.1.8, em *Collected Works* 2:430; Dicken, *Crucible of Love*, p. 429; *Interior Castle* 5.3.11, em *Collected Works* 2:352.
24. Raymond of Cápua, *The Life of Catherine de Siena*, trad. Conleth Kearns (Wilmington, Delaware: Michael Glazier, 1980), p. 106.
25. Egan, *Anthology of Christian Mysticism*, p. 361.
26. Mary Ann Fatula, *Catherine of Siena*, p. 116.
27. Raymond of Cápua, *Life of Catherine of Siena*, p. 116.
28. Catherine of Siena, *The Dialogue*, trad. Suzanne Noffke (Nova York: Paulist Press, 1980), p. 32.
29. *The Prayers of Catherine de Siena*, org. Suzanne Noffke (Nova York: Paulist Press, 1983), pp. 178, 179.
30. Dag Hammarsjöld, *Markings*, trad. Leif Sjöberg e W. H. Auden (Nova York: Alfred A. Knopf, 1965), p. 122.
31. *Soeur Thérèse of Lisieux*, p. 176.

CAPÍTULO 14   Como Tornar-se o Coração, a Cabeça e a Mão de Deus
  1. Jo 10:30.
  2. Jo 14:3.
  3. Mt 6:12.
  4. Mt 5:48.

Meditações seráficas
  1. Is 6.
  2. Mt 5:8.
  3. 1 Co 15:55.
  4. Lc 15:11-32.

BIBLIOGRAFIA SELECIONADA

Angela of Foligno. *Complete Works.* Trad. Paul Lachance. Mahwah, N.J.: Paulist Press, 1993.
Arintero, John G. *The Mystical Evolution in the Development and Vitality of the Church.* Trad. Jordan Aumann. 2 vols. St.Louis, Mo.: B. Herder Book Company, 1949.
Balthasar, Hans Urs Von. *Origen, Spirit and Fire: A Thematic Anthology of His Writings.* Trad. Robert J. Daly. Washington, D.C.: Catholic University of America Press, 1984.
Bolshakoff, Sergius. *Russian Mystics.* n.p.: Liturgical Press, Cisterian Publications, 1977.
Brother Lawrence. *The Practice of the Presence of God, with Spiritual Maxims.* Grand Rapids, Mich.: Baker Book House Company, Spire Books, 1967.
Catherine of Genoa. *Purgation and Purgatory, The Spiritual Dialogue.* Trad. Serge Hughes. Nova York: Paulist Press, 1979.
Catherine of Siena. *The Dialogue.* Trad. Suzanne Noffke. Mahwah, N.J.: Paulist Press, 1980.
_____. *The Prayers of Saint Catherine.* Ed. Suzanne Noffke. Nova York: Paulist Press, 1983.
Clímaco, João. *The Ladder of the Divine Ascent.* Trad. Colm Luibheid e Norman Russel. Mahwah, N.J.: Paulist Press, 1982.
Cox, Michael. *A Handbook of Christian Mysticism.* Grã-Bretanha: Aquarian Press, Crucible, 1986.
Davies, Oliver. *God Within: The Mystical Tradition of Northern Europe.* Nova York: Paulist Press, 1988.
Dicken, E. W. Trueman. *The Crucible of Love: A Study of the Mysticism of St. Teresa of Jesus and St. John of the Cross.* Nova York: Sheed and Ward, 1963.
Dupré, Louis e James A. Wiseman, eds. *Light from Light: An Anthology of Christian Mysticism.* Nova York: Paulist Press, 1988.

Eckhart, Meister. *A Modern Translation*. Nova York: Harper and Brothers, 1941.
_____. *Sermons and Treatises*. Trad. Raymond Bernard Blakney. Nova York: Harper and Brothers, 1941.
3 vols. Longmead, Shaftesbury, Dorset: Element Books, 1987.
Egan, Harvey. *An Anthology of Christian Mysticism*. Collegeville, Minn.: Liturgical Press, 1991.
Fatula, Mary Ann. *Catherine of Siena's Way*. Rev. ed. Wilmington, Del.: Michael Glazier, 1989.
Francis and Clare: *The Complete Works*. Trad. Regis Armstrong e Ignatius C. Brady. Nova York: Paulist Press, 1982.
Happold, F. C. *Mysticism: A Study and an Anthology*. Rev. ed. Harmondsworth, Middlesex, Inglaterra: Penguin Books, 1970.
Hilton, Walter. *The Stairway of Perfection*. Trad. M. L. Del Mastro. Garden City, N.Y.: Doubleday and Company, Image Books, 1979.
James, Joseph, arr. *The Way of Misticism*. Nova York: Harper and Brothers Publishers, s.d.
John of the Cross (João da Cruz). *The Collected Works of St. John of the Cross*. Trad. Kieran Kavanaugh and Otílio Rodriguez. Washington, D.C.: ICS Publications, 1973.
Landström, Bjorn. *Columbus*. Nova York: Macmilliam Company, 1966.
Luti, J. Mary. Teresa of Avila's Way. Collegeville: Minn.: Liturgical Press, 1991.
Nevin, Thomas R. *Thérèse of Lisieux: God's Gentle Warrior*. Nova York: Oxford University Press, 2006.
Osuna, Francisco de. *The Third Spiritual Alphabet*. Trad. Mary E. Giles. Nova York: Paulist Press, 1981.
Raymond of Cápua. *The Life of Catherine of Siena*. Trad. Conleth Kearns. Wilmington, Del.: Michael Glazier, 1980.
Reinhold, H. A. ed. *The Soul Afire: Revelations of the Mystics*. Garden City, N.Y.: Doubleday and Company, Image Books, 1973.
Spencer, Sindey. *Mysticism in World Religion*. 1963. Reimpressão, Gloucester, Mass.: Peter Smith, 1971.
State, Walter T. E., ed. *The Teachings of the Mystics*. Nova York: New American Library, Mentor Book, 1960.
Szarmach, Paul, ed. *An Introduction to the Medieval Mystics of Europe*. Albany, N.Y.: State University of New York Press, 1984.
Teresa of Avila. *The Book of Her Life*. Trad. Kieran Kavanaugh and Otílio Rodriguez, 1995. Reimpressão, Indianápolis, Ind.: Hackett Publishing Company, 2008.
_____. *The Collected Works of St. Teresa of Avila*. Trad. Kieran Kavanaugh and Otílio Rodriguez. 3 vols. Washington, D.C.: ICS Publications, 1976-85.
Thérèse of Lisieux. *Souer Thérèse of Lisieux, The Little Flower of Jesus*. Ed. T. N. Taylor. Nova York: P. J. Kennedy and Sons, 1924.

_____. *Story of a Soul: The Autobiography of Thérèse of Lisieux*. Trad. John Clarke. 2. ed. Washington, D.C., ICS Publications, 1976.

Underhill, Evelyn. *The Essentials of Mysticism*. 1920. Reimpressão, Nova York: Cosimo Classics, s.d.

_____. *Mysticism: A Study in the Nature and Development of Man's Spiritual Consciousness*. Nova York: E.P. Dutton and Company, 1961.

Vaughan, Robert Alfred. *Hours with the Mystics: A Contribution to the History of Religious Opinion*. 1856. Reimpressão, s.l.: Kessing Publishing, 1992.

CRÉDITOS DAS FOTOS

33 Roger Bacon: Michael Reeve, creativecommons.org/licenses/by-sa/3.0

64 Monastério de Santa Catarina: Joonas Plaan, creativecommons.org/licenses/by/2.0

70 Notre Dame de Paris: Benchaum, creativecommons.org/licenses/by-sa/3.0

173 *O êxtase de Santa Teresa*: Sailko, creativecommons.org/licenses/by/2.5

Este livro foi composto na tipologia Minion Pro,
em corpo 12/15,6, impresso em papel offset 75g
na gráfica Yangraf.